Aljoscha Long / Ronald Schweppe

Die Bucht am Rande der Zeit

kailash

Dieses Buch wurde erstmals 2013 unter dem Titel
»Die Bucht am Ende der Zeit« veröffentlicht.

Verlagsgruppe Random House FSC® N001967

1. Auflage
© 2017 Kailash Verlag, München
in der Verlagsgruppe Random House GmbH
Neumarkter Str. 28, 81673 München

Umschlaggestaltung und Layout: Daniela Hofner,
ki 36 Editorial Design, München
Umschlagmotive: iStockphoto (CPD-Lab; Omela)
Satz: GGP Media GmbH, Pößneck
Druck und Bindung: Pustet, Regensburg
Printed in Germany
ISBN 978-3-424-63133-3

www.kailash-verlag.de

PROLOG

Aus der Tiefe des blauen Ozeans tauchten zwei Schatten empor, ein großer und ein kleiner. Der kleine Delfin war gerade geboren worden, und seine Mutter lenkte das Baby nach oben, zum Licht und zur Luft. Es war Zeit für den ersten Atemzug.

Der kleine Delfin war verwirrt. Vage Erinnerungen von anderen Welten und Wesen schimmerten wie bunte Bilder in seiner Seele. Doch diese Bilder verblassten allmählich, wie ein Traum. Und als der kleine Delfin die Oberfläche des Meeres zum ersten Mal durchbrach und seinen ersten Atemzug tat, hatten sie sich fast vollständig aufgelöst.

Nur ein Wort klang in seinem Herzen nach: ... Mama ...

Wie farbenfroh die Welt doch strahlte, wie wunderbar das Gleiten im Wasser war, die Nähe der warmen Mutter, die ihn mit ihrem Leib wärmte und leitete! Und jetzt die Wellen des Meeres, die salzige Luft, der Himmel – und nicht allzu weit entfernt stieg der Meeresboden aus dem Wasser. Dort stand ein Wesen und blickte aufs Meer hinaus, und dem kleinen Delfin war, als wäre er mit diesem fremden Wesen tief in seiner Seele verbunden.

Neugierig sah er ihr in die Augen und fühlte für einen kurzen Augenblick eine starke, unendliche Liebe, bevor er wieder mit seiner Mutter in die Tiefe tauchte.

Emily wusste, warum ihre Mutter weinte, als die kleine Insel in der blauen Unendlichkeit auftauchte. Doch sie empfand kein Mitleid mit ihr, drehte sich entschlossen weg, schaute aus dem Fenster und beobachtete, wie die zarten rosa Wolken zurückwichen. Wie im Theater, dachte sie, wenn der Vorhang vor dem letzten Akt ein letztes Mal aufgezogen wird, bevor er schließlich endgültig fällt.

Die alte Propellermaschine stolperte unbeholfen durch die Luft, während sie langsam tiefer sank. Emily wurde schwindelig. Ihr Magen verkrampfte sich, und eine leichte Übelkeit stieg in ihr auf. Mit feuchten Händen zog sie ihren Gurt noch etwas fester. Aus dem Fenster konnte sie bereits die Landebahn erkennen – ein dünnes Band, das neben dem Berg, der sich wie ein steinerner Koloss in den Himmel reckte, beunruhigend klein wirkte. Ob sie wirklich auf diesem winzigen grauen Strich, der sich durch all das leuchtende Grün zog, landen konnten? Emily bezweifelte es. Doch als die ersten Palmen auftauchten, lösten sich ihre sorgenvollen Gedanken schnell auf. Staunend versank Emily im Wunder des Augenblicks. Sie sah den Strand und die Yachten, die unweit des Flughafens wie Spielzeugschiffchen auf den Wellen schaukelten. Sie presste ihre Nase immer fester an das kleine Fenster, und ihre Übelkeit verschwand so schnell, wie sie gekommen war.

Ja sicher, die Bilder im Katalog waren einladend und verheißungsvoll gewesen, doch gegen die Wirklichkeit, gegen diese weiten weißen Sandstrände, das tiefe Blau des Meeres, das zarte Türkis, dort, wo das Wasser sich den Felsen zaghaft näherte, verblassten sie, wie alte Erinnerungen.

Als ihre Mutter sie vor wenigen Wochen mit dem gemeinsamen Urlaub überrascht hatte, hatte Emily sich unbändig gefreut. Nach all den Aufregungen der Zeit davor war die Reise der ersehnte Lichtblick gewesen. Denn seit Ende April war Emilys Welt ins Wanken geraten. Damals war sie krank geworden. Auch wenn sie zuerst überhaupt nicht glaubte, richtig krank zu sein. »Mama, irgendwas stimmt glaube ich mit meinen Augen nicht«, hatte sie eines Nachmittags zu ihrer Mutter gesagt. Hin und wieder sah sie merkwürdige schwarze Flecken in der Landschaft, so als wäre da ein Teil der Welt einfach ausradiert worden. Und an jenem Tag, als sie lange aus dem Fenster geschaut und im Garten das Eichhörnchen in den Ästen beobachtet hatte, waren sie ihr besonders aufgefallen, diese dunklen Löcher, die sie an fehlende Teile in einem fast fertigen Puzzle erinnerten. Emily fand das nicht besonders dramatisch. Aber wie immer, wenn etwas kam, was unangenehm war, dachte sie an die Worte ihrer Großmutter. Wie damals, als sie weinend und mit aufgeschlagenem Knie auf ihrem Schoß gesessen hatte: »Mit ein bisschen Geduld heilt alles ganz von alleine, Emily. Es geht ganz von selbst vorbei.«

Wie oft hatte sie damals auf dem Schoß ihrer Großmutter gesessen, ob nun mit aufgeschlagenem Knie, mit Bauchschmerzen oder Fieber. Und jedes Mal hatte Großmutter sie getröstet. Und sie hatte auch immer Recht behalten – sowohl die kleinen als auch die größeren Wehwehchen waren ganz von selbst verschwunden.

Mama hatte wohl keine tröstende Großmutter gehabt, denn im Gegensatz zu Emily hatte sich ihre Mutter schon von Anfang an große Sorgen gemacht. Einen ganzen Monat lang war sie mit ihrer Tochter durch die Arztpraxen der Stadt gezogen, war mit ihr erst bei ihrem Hausarzt, dann bei der Augenärztin und schließlich bei allen möglichen Spezialisten gewesen. Zweimal musste Emily sogar einige Tage lang in einem Krankenhaus bleiben. Es war die Klinik, in der ihre Mutter als Krankenschwester arbeitete.

Die Ärzte steckten Emily in summende Röhren und machten Bilder von verborgenen Landschaften in ihrem Kopf. Sie fand das alles sehr aufregend und wollte die Aufnahmen unbedingt sehen. Die Ärzte aber weigerten sich – sosehr sie auch drängelte. Das schien ihr sehr ungerecht, denn schließlich waren es ja Bilder von ihr. Davon abgesehen waren im Krankenhaus alle jedoch immer sehr nett zu ihr gewesen, und so waren die Wochen wie im Flug vergangen.

Und dann, eines Abends, wenige Tage nach den vielen Untersuchungen und Krankenhausbesuchen, lag auf einmal der Reiseprospekt auf dem Tisch. Ihre Mutter hatte die richtige Seite schon aufgeblättert, hatte Emily zu sich aufs Sofa gezogen und einen Arm um sie gelegt. »Schau mal, Emily – sieht das nicht toll aus? Ich möchte mit dir bald eine wunderschöne Reise dahin machen. Na, was sagst du dazu?«

Emily sagte erst mal gar nichts. Stattdessen staunte sie über die malerische Insel. Vor allem aber fragte sie sich, was wohl mit ihrer Mutter los war. Normalerweise drehte sie jeden Cent dreimal um. Die meiste Zeit jammerte sie, dass sie sich so wenig leisten könnten, seit das mit Papa passiert war. Emily jammerte nicht, aber sie bedauerte es manchmal. Im Gegensatz zu ihren Klassenkameradinnen lief Emily meist mit Secondhandklamotten herum und besaß weder ein Handy noch einen Computer. Noch nicht einmal für ein vernünftiges

Fahrrad hatte das Geld gereicht. Und nun diese Flugreise? Was mochte die wohl kosten? Und warum war ihre Mutter in letzter Zeit so anders? Was machte dieses zuckersüße Lächeln plötzlich auf ihrem Mund, der in den letzten Jahren so streng geworden war? Mama hatte es sich im Laufe der Zeit angewöhnt, ständig die Zähne zusammenzubeißen. Und warum lag der Arm ihrer sonst so distanzierten Mutter nun plötzlich um ihre Schulter? Mama nahm sie nur ganz selten in den Arm, seit Papa tot war. Irgendetwas stimmte hier nicht, das spürte Emily ganz genau, und so schlich sich in die Freude über das anstehende Abenteuer ein ungutes Gefühl.

»Wir bleiben die ganzen Sommerferien, Emily. Und wer weiß – wenn es uns gefällt, vielleicht ja sogar noch länger ...«, hatte ihre Mutter leise gesagt, und dabei hatte sie plötzlich gar nicht mehr gelächelt, sondern mit den Tränen gekämpft.

Inzwischen kannte Emily den Grund für die Reise, und sie wusste auch, warum ihre Mutter weinte. Es war wegen ihr. Emily wusste, dass dies ihr letzter Sommer sein würde und dass sie auf dieser Insel mit ihren Sandstränden, Palmenhainen und dem bunten Fischerdorf sterben würde.

2

Das kleine Flugzeug schwebte knapp über den Wellen, die auf den Strand zuliefen und dabei, wie als Willkommensgruß, weiße Schaumkronen aufgesetzt bekamen. Emily konnte schon die sonnenbraunen Gesichter der Kinder erkennen, die in der Brandung spielten und dem dröhnenden Flieger lachend zuwinkten. Für einen kurzen, erschreckenden Moment sah es so aus, als würde das Flugzeug im Wasser landen, doch nach einem letzten kurzen Aufjaulen der Propellermotoren ruckelte es sicher über die Landebahn.

Als die Motoren endlich schwiegen und die Maschine ausrollte und schließlich zum Stehen kam, war es plötzlich ganz still. Während draußen die Palmenblätter in der sanften Brise gemächlich tanzten, musste Emily daran denken, wie sehr sie sich auf diesen Moment gefreut hatte. Allein die Vorstellung, dass ihre Mutter endlich einmal Zeit mit ihr verbringen würde, statt wie sonst im Sog ihrer niemals endenden Verpflichtungen und Sorgen zu versinken, hatte ein warmes, wohliges Gefühl in ihrer Brust hinterlassen. So musste es sich also anfühlen, das Glück. So musste es sich anfühlen, eine Mutter zu haben, die für einen da war und für die man nicht immerzu nur lästiges Beiwerk war. Allabendlich hatten sehnsuchtsvolle Gedanken Emily beim Einschlafen in die Ferne getragen. An den ersten Tagen war sie morgens ängstlich zu Mama gelaufen und hatte nachgefragt, ob sie denn auch wirklich, wirklich fliegen würden. Doch bald schon wachte sie Morgen für Morgen mit der freudigen Gewissheit auf, dass das alles kein Traum war.

Bis zu jenem Abend, als das Telefon klingelte und den Traum zerriss.

Emily war schon früh ins Bett gegangen. Sie hatte sich den ganzen Tag müde gefühlt und war schließlich wie betäubt in tiefen Schlaf gesunken. Plötzlich schreckte sie auf. Zuerst wusste sie nicht, was sie geweckt hatte. Sie war nicht besonders ängstlich, doch nun fürchtete sie sich. Unheimliche Geräusche drangen aus dem Wohnzimmer. Waren etwa so spät noch Gäste gekommen? Nein – sie hörte nur die Stimme ihrer Mutter, die offenbar telefonierte. Und dann hörte sie noch etwas: ein leises Schluchzen. Emily schlug die Decke zurück und schlich auf Zehenspitzen zur Tür. Vorsichtig presste sie das Ohr an die Tür.

»... mit ihr auf eine Insel fahren.« Ihre Mutter redete und weinte gleichzeitig. Aber warum weinte sie denn, wenn sie von ihrer Traumreise sprach? Emily hielt den Atem an, um besser hören zu können.

»Ach Niki, ich kann es ihr einfach nicht sagen. Ich bringe es nicht über die Lippen.« Offenbar telefonierte sie mit Tante Nicole. Was konnte sie wem nicht sagen? Und warum wimmerte ihre Mutter? Emily wurde immer neugieriger.

»Nein wirklich, ich schaffe das nicht. Sie darf auf keinen Fall wissen, dass ...« Ihre Mutter gab wieder diesen unheimlichen Laut von sich – so, als ob sie mit fest zusammengeklebten Lippen zu schreien versuchte. Mit einem Schlag wurde ihre Stimme ganz ruhig und gefasst: »Nein Niki. Es ist aussichtslos. Wir waren schon bei den besten Ärzten. Sie hat nicht die geringste Chance.«

Emily lief ein eiskalter Schauder über den Rücken. Es ging gar nicht um ihre Mutter, nicht um die Reise, es ging um sie!

Die vielen Untersuchungen, die Krankenhausaufenthalte – auf einmal verstand sie.

»Die Ärzte haben gesagt, dass man absolut nichts machen kann, und dass ihr höchstens noch drei Monate bleiben. O Gott, was soll ich nur tun, wenn meine Kleine stirbt?«

Ihre Mutter redete weiter und weiter, doch Emily hörte sie längst nicht mehr. In ihren Ohren brauste es, als würde ein Wirbelsturm durchs Zimmer tosen. Ihre Knie wurden weich, sie fühlte sich wie betäubt. Sie spürte, wie ihr die Beine wegsackten und schleppte sich mit letzter Kraft in ihr Bett. Sie rollte sich zusammen und zog die Decke über den Kopf. Tränen liefen ihr übers Gesicht und versickerten in ihrem Kissen.

Vor knapp einem Monat hatte sie ihren vierzehnten Geburtstag gefeiert, und sie würde sterben, noch bevor sie fünfzehn war.

3

Am nächsten Morgen schaffte Emily es lange nicht aufzustehen. Sie starrte wie gelähmt an die Decke. Die Sonne drang ins Zimmer wie ein ungebetener Gast. Wie ein unheimlicher Clown, der zur Unzeit auftrat. Alles kam ihr unwirklich vor. Ihr Körper war schwer und schien nicht zu ihr zu gehören. Ob sie ihre Arme und Beine wohl bewegen konnte, wenn sie es wollte? Es spielte keine Rolle – sie würde es ohnehin nicht versuchen. Wozu auch?

Emily musste an den Kinofilm denken, in den ihre Mutter sie kurz nach Weihnachten geschleppt hatte – vor allem an die Hauptdarstellerin, die von Szene zu Szene bleicher geworden und schließlich gestorben war. Am Ende hatten die Zuschauer ihre Taschentücher aus den Manteltaschen gezogen und sich verstohlen die Tränen aus den Augen gewischt. Emily mochte keine Tragödien. Das Leben sollte schön sein. Am liebsten hätte sie sich den Film gar nicht bis zum Ende angesehen und war nur ihrer Mutter zuliebe sitzen geblieben.

Doch das hier war kein Film. Es gab keinen Ausgang aus dem Kinosaal, keinen Schalter, den man einfach nur umlegen musste, um den Projektor anzuhalten. Sie musste sich auch nicht zwicken. Sie wusste nur zu gut, dass sie nicht träumte. Dieser Alptraum war wirklich und würde nicht morgens enden. Zumindest nicht am nächsten Morgen. »Höchstens noch drei Monate ...« – immer wieder hörte sie diese Worte, die sich wie ein unheilvolles Mantra in ihrem Kopf wiederholten. »Höchstens noch drei Monate ...« Doch da war noch ein anderer Gedanke, der sich zunächst zaghaft und schließlich immer mächtiger in ihr Bewusstsein drängte: Die Ärzte wussten, dass sie sterben würde, ihre Mutter wusste es, sogar Tante Nicole wusste Bescheid und wer weiß, wer sonst noch alles. Ihr aber, die sie in diesem schlechten Theaterstück immerhin die Hauptrolle spielte, hatte niemand auch nur ein Wort gesagt. Nicht einmal ihre Mutter war aufrichtig zu ihr – im Gegenteil: Sie trug seit Wochen ein Lächeln wie aus Marzipan im Gesicht. Und statt wie sonst an Emily herumzumeckern und sie ständig für alles, was sie tat und war, zu kritisieren, war sie so freundlich, zuvorkommend und lieb, dass es schon beinahe wehtat. Wie konnte sie nur so scheinheilig sein? So unendlich falsch und feige?

Emily wollte aus dem Bett springen. Sie wollte schreien, wollte irgendetwas kaputt machen, mit voller Wucht gegen die Tür oder das Klavier treten. Doch ihre Enttäuschung wog zu schwer. Und so blieb sie wie gelähmt im Bett liegen. Tränen stiegen ihr in die Augen. Weinte sie, weil sie sterben würde, oder weinte sie, weil sie ihrer Mutter nie mehr würde vertrauen können? Sie wusste es nicht. Und was machte das jetzt auch noch für einen Unterschied?

Emily schluckte hart. Nein, sie würde von jetzt an nicht mehr weinen, das nahm sie sich fest vor. Sie würde einfach so tun, als wäre nichts, würde alles für sich behalten, würde schweigen. Doch ganz sicher würde sie es ihrer Mutter deshalb nicht leichtmachen, sondern ihr ihre Unaufrichtigkeit heimzahlen. Viel zu lange hatte sie die alltäglichen Nörgeleien schon über sich ergehen lassen, hatte immerzu Verständnis für ihre ständig ach so überlastete Mutter und ihr angeblich schwaches Nervenkostüm gehabt. Und wer weiß, vielleicht war sie ja sogar genau deshalb krank geworden – eben weil sie nie an sich selbst gedacht hatte. Wie auch immer, das war jetzt vorbei. Die wenige Zeit, die ihr noch blieb, das schwor sie sich, würde ihr ganz allein gehören. »Ab jetzt geht es um mich – nur noch um mich!« Tief sanken diese Worte in ihre Seele, wie ein leises Gebet, wie eine Beschwörung, wie ein heiliges Gelübde.

4

Vierzehn Tage später hob der Taxifahrer zwei schwere Reisetaschen in den Kofferraum. Nachdem die beiden eingestiegen waren, fuhren sie zum Flughafen. Zum Glück waren sie sehr zeitig aufgebrochen, denn die Fahrt dauerte eine Ewigkeit. Während die Sonne unbarmherzig auf das Taxidach niederbrannte, bewegte der Fahrer seinen Wagen wie in Trance durch den Verkehr. Und Emily, die seinen leeren Blick im Rückspiegel studierte, überlegte, was mit ihm wohl nicht stimmen mochte. Vielleicht hatte er ja auch ein Kind, das starb. Ihre Mutter plapperte in einem Tempo, dass einem trotz der schleichenden Fahrt schwindelig werden konnte, und Emily begann die Reise schon auf die Nerven zu gehen, noch bevor sie richtig begonnen hatte. Es folgten endlose Warteschlangen, Missverständnisse am Schalter, Verspätungen bei den Abflügen und unerträglich lange Stunden im Großraumflugzeug, während derer Emily sich immer häufiger fragte, was dieses ganze Theater eigentlich noch sollte. Wenn sie ohnehin sterben musste, war doch alles egal.

Aber dann saßen sie endlich in der Propellermaschine, die sie auf die Insel bringen sollte. Einen Vertrauen erweckenden Eindruck machte diese Blechkiste auf Emily nicht gerade. So ein Ding gehörte nicht in die Luft, sondern auf einen Sockel ins Museum. Andererseits: Was hatte sie schon noch zu verlieren, dachte sie bitter.

Das Vibrieren der Motoren kribbelte angenehm in ihrem Bauch. »In Anbetracht meiner nur noch sehr kurzen Zukunft kann ich mich auch ebenso gut entspannen«, dachte sie bitter. Emily schloss die Augen. Sie schlief ein und träumte von Wellen, Sonne, würzigen Kräutern und von warmem Sand, in dem sie lag. Es war kein schöner Traum. Emily konnte kaum atmen – irgendetwas Klobiges, Kaltes drückte auf ihre Brust. Als sie an sich herabblickte, sah sie einen flachen Stein, der ihren Körper wie ein schwerer Sargdeckel aus Marmor zusammenpresste. Entsetzt wand sie sich unter dem Stein hervor und schob ihn mit aller Kraft zur Seite. Jetzt sah sie eine Inschrift, die in den Stein gemeißelt war. Sie fuhr mit den Fingern über die Buchstaben und las ihren eigenen Nachnamen, aber da stand ein anderer Vorname. Der ihres Vaters? Die Schrift wurde immer undeutlicher und verschwamm schließlich ganz. Auf einmal hörte Emily etwas, das aus dem Wasser kam. Ein Ruf? Eine Stimme? Emily wusste es nicht. Sie stand auf. Mit jedem Schritt, den sie auf das Meer zuging, fühlte sie sich freier und leichter. Als sie schon bis zu den Knöcheln in den Wellen stand, zögerte sie plötzlich. Irgendetwas stimmte hier nicht. Und dann sah sie ihn: Den Schatten, der im Wasser auf sie zuschoss ...

Ein Rütteln im Flugzeug riss sie aus ihrem Traum. In wenigen Minuten würden sie landen. Emily öffnete die Augen und sah ihre Mutter verstohlen von der Seite an. Sie hatte sich die Tränen aus den Augen gewischt und längst wieder ihr falsches Marzipanlächeln aufgesetzt. »Heuchlerin!«, dachte Emily und presste ihre Lippen fest zusammen.

Neben dem Rollfeld wartete schon der Hoteljeep. Nachdem das Gepäck eingeladen worden war, fuhr er los. Nach wenigen Minuten hatten sie ihr Domizil erreicht – ein verwinkeltes Haus, das überhaupt nicht wie ein Hotel, sondern eher wie

eine alte, wenn auch etwas zu groß geratene Künstlervilla aus-
sah.

Als Emily in ihren Sandalen über den roten Marmorboden
zum Empfang ging, fühlte sie sich wie eine Prinzessin aus einer
längst vergangenen Zeit. Eine lächelnde, gepflegte alte Dame
empfing sie. Sie tauchte eine Feder in ein Tintenfass und
schrieb die Namen in ein Buch mit Ledereinband. Ob es hier
wirklich keinen Computer gab? Emily konnte jedenfalls nir-
gends einen entdecken. Ein Junge im Leinenhemd trug ihr
Gepäck nach oben, und obwohl der Koffer schwer war, bewegte er sich völlig mühelos und leicht. Er mochte kaum älter
als Emily sein. Der Junge stellte das Gepäck vor ihrer Zimmertür ab, sperrte das Zimmer auf und lud sie mit einer ausladen-
den Geste und einem offenen Lächeln ein, ihr Quartier in Be-
schlag zu nehmen. Dann zwinkerte er Emily noch einmal zu
und zog die Tür leise hinter sich zu.

Das Zimmer glich einem Salon. Es war riesig. Emily beach-
tete das aufgeregte Geplapper ihrer Mutter gar nicht. Sie
schlüpfte aus ihren Sandalen und ließ sich auf das Doppelbett
fallen. Die Betten waren hier offenbar für Riesen gebaut worden, dachte Emily. Um rollend von einer Bettkante zur anderen zu gelangen, musste sie sich dreimal vom Rücken auf den
Bauch drehen.

Durch die Bambusjalousien blitzten Sonnenstrahlen auf das
Bett. Emily sprang auf und lief auf den Balkon. Von dort aus
konnte sie über die halbe Insel blicken. Hellblauer Himmel,
einige zarte Wolkenstreifen, dunkelblaues Meer – oben wie
unten nichts als offene Weite.

Direkt vor Emilys Augen lag der Strand, ein wenig links
davon sanfte Grashügel, auf denen Schafe weideten. In einiger
Entfernung konnte sie ein Dorf ausmachen, mit weiß getünch-
ten Hütten und Strohdächern. Im Hafen waren einige der dort
liegenden Fischerboote dabei auszulaufen. Und wenn sie ganz
nach links schaute, sah sie den Berg in der Mitte der Insel, von

dem aus sich ein Flüsschen bis zum Meer hin zog. Emily freute sich darauf, die Insel ausgiebig zu erforschen. Doch sie musste sich beeilen. Viel Zeit würde ihr nicht mehr bleiben.

5

Der glatte Fels fühlte sich warm unter ihren Füßen an. Dabei war es noch nicht einmal eine Stunde her, seit sich die Sonne aus dem Meer gehoben hatte. Nicht lange mehr, dann würde ihre Mutter aufwachen. Sie würde an der Rezeption vorbei zur Terrasse gehen und sich dann wundern, dass Emily dort noch nicht über ihren Kakao gebeugt saß. Und sie würde aufgeregt nach ihr suchen. Bei diesem Gedanken stahl sich ein leichtes Lächeln auf ihre Lippen.

Emily war eine Frühaufsteherin. Die Stunden, bevor die Welt erwachte, waren ihr schon als kleines Mädchen heilig gewesen. Manchmal war es leichter, richtig wach zu sein, wenn alle anderen schliefen. Mutter würde wieder nach oben gehen und Emily auch nicht in ihrem Bett finden. Dann würde sie auf dem Balkon Ausschau halten. Sie würde ihre Augen zu engen Schlitzen zusammenkneifen, dort oben wie ein lauernder Raubvogel regungslos warten und sich nach einem Fernglas sehnen.

Emily seufzte. Wie satt sie das alles hatte. Besser sie kam zurück, bevor Mama wieder ihre Weinkrämpfe bekam. Diese Szenen nahmen in letzter Zeit zu; und sie waren anstrengend. Emily wollte nur noch in Ruhe gelassen werden. Und die Chancen dafür standen am besten, wenn sie die artige, unwissende Tochter spielte, die zum Frühstück erschien und lieb fragte, ob sie das Fischerdorf besuchen dürfe.

An den ersten beiden Tagen hatte ihre Mutter noch darauf bestanden, sie zu begleiten. Zum Glück war es ihr bald zu eintönig geworden, ihrer schweigenden Tochter dabei zuzusehen, wie sie auf einem Steg saß und stundenlang aufs Meer starrte.

»Was ist denn los, Emily?«, hatte sie gefragt. Emily hatte sich nicht anmerken lassen, was in ihr vorging.

»Gar nichts. Ich schaue nur gern aufs Meer.«

»Wird dir das nicht zu langweilig, Kind?«

»Nein.«

Ihre Mutter seufzte resigniert, und Emily wartete insgeheim darauf, dass sie nun vielleicht endlich mit der Wahrheit herausrücken würde. Doch vergebens. In Emily brodelte es. Sie war so wütend auf ihre Mutter und auf all die anderen Feiglinge, dass sie sich auf die Unterlippe beißen musste. Sie war wütend auf die gleichgültige, kalte Welt, die sich ungerührt weiterdrehen würde, nachdem sie längst im Himmel war, in der Hölle oder wer weiß schon wo. Sie war wütend auf sich selbst – darüber, dass sie heulen musste, wenn sie allein war. Und auch auf ihren Vater war sie wütend, dass er nicht besser aufgepasst, sondern sie und ihre Mutter im Stich gelassen hatte. Sechs Jahre war das jetzt her.

Natürlich wusste Emily, dass ihren Vater keine Schuld traf. Es hatte in jener Nacht geregnet, der Radfahrer war ohne Licht unterwegs gewesen und die Kurve zu eng. Vielleicht war ihr Vater auch zu schnell gefahren – wer weiß. Er fuhr gerne schnell.

Nach dem Unfall war ihre Mutter nicht so feige wie jetzt gewesen. Sie hatte ihr gleich alles erzählt. »Du bist ja mein großes Mädchen, und wir müssen jetzt zusammenhalten«, hatte sie geflüstert. Aber damals war Emily gar kein großes Mädchen gewesen. Damals wäre sie froh gewesen, wenn die schreckliche Nachricht noch eine Weile vor ihr geheim gehalten worden wäre. Für die endlose Stunde in der Aussegnungshalle war sie definitiv zu klein gewesen. Der Anblick ihres aufgebahrten Vaters verursachte ihr noch monatelang Alpträume.

Heute hatten Alpträume keine Macht mehr über sie. Schließlich konnte kein Alptraum so düster wie die Wirklichkeit sein. Und jetzt, wo sie wirklich allmählich groß genug geworden war und es so wichtig für sie gewesen wäre, jemanden zum Reden zu haben, schwiegen sich alle scheinheilig aus. Verstand denn niemand, dass ihr das Schweigen mehr Angst machte als alles andere?

Emily wandte den Kopf ab. Tränen liefen ihr aus den Augen und landeten wie salzige Erinnerungen auf ihren Lippen. Trotzig wischte sie sich die Tränen aus dem Gesicht und machte sich auf den Weg zum Hotel.

6

»Emily, du warst schon draußen?« Ihre Mutter hatte das Talent, Offensichtliches in Fragen zu kleiden.

»Hmh.«

»Und ...? Erzähl doch mal!«

»Was denn?«

»Na, du musst doch irgendwas erlebt haben.«

»Ach, nichts Besonderes. Ich war nur schwimmen, aber dann sind plötzlich überall Haie aufgetaucht.«

»Was?«, schrie ihre Mutter schockiert und riss die Augen weit auf.

»Reg dich ab, Mama. War nur ein Spaß.«

»Das war überhaupt nicht komisch.« Tränen stiegen ihr in die Augen. Emily aber ließ das kalt.

»Was hast du denn Mama – hast du etwa Angst, dass mich ein Hai frisst und du dann ganz allein wieder nach Hause fliegen musst?« Natürlich wusste Emily nur zu gut, dass ihre Frage unter die Gürtellinie gegangen war. Aber verdammt noch mal: Irgendwann musste ihre Mutter ihr Schweigen doch einmal brechen! Viel Zeit blieb ja nicht mehr. Wollte sie wirklich bis zum bitteren Ende schweigen? Es sah ganz so aus, denn ihre Mutter schluchzte nur und sagte mal wieder kein Wort.

Wie würde es wohl sein, das Sterben? Würde sie einfach eines Tages tot umfallen oder würde sie Schmerzen haben? Und was käme danach, falls es überhaupt ein Danach gab? Emily versuchte, den Kloß in ihrem Hals wegzuschlucken. Manchmal hatte sie solche Angst, dass sie schreien wollte. Dann wieder spürte sie nur Wut, Wut auf ihre Mutter, die das Wichtigste auf der Welt geheim hielt, Wut auf die Ärzte, die sie anscheinend nicht heilen konnten, und Wut auf sich selbst, dass sie nicht mutiger war. Sie lenkte sich ab, indem sie das Brot tief in die Schokoladenmilch eintauchte und dem Kakao lange beim Abtropfen zusah. Das Frühstück verlief in trostlosem Schweigen.

»Was meinst du, Emily, wollen wir heute mal eine Wanderung unternehmen?«, fragte ihre Mutter schließlich vorsichtig.

Emily verzog nur den Mund.

»Oder wollen wir zusammen an den Strand gehen?«

Emily schwieg weiter.

»Was ist denn los, mein Kind?« Allmählich klang ihre Mutter richtig verzweifelt. »Gefällt es dir hier nicht? Geht es dir nicht gut?« Schon wieder schimmerten Tränen in ihren Augen.

»Ach Mama. Nein, mir geht's gut. Ich würde nur gern ein bisschen allein herumlaufen. Du musst dich nicht ständig wie meine Aufseherin aufführen, okay?«

»Na gut.« Mamas Stimme klang resigniert, stellte Emily innerlich triumphierend fest. »Aber pass gut auf dich auf.«

»Klar, ich werd' schon nicht in den Vulkan fallen.«

»Und zum Mittagessen bist du wieder hier, ja?«

»Mama, bitte!«

Emily sprang auf, griff ihren kleinen roten Rucksack und stürmte aus dem Hotel.

7

Heute wollte Emily die Klippen erkunden, die jenseits der Mündung des Flusses hinter dem Fischerdorf aus dem Meer ragten und sich von dort aus um die halbe Insel zogen. Die Fischer hatten sie vor den schroffen Felsen gewarnt. Es gäbe tückische Spalten, in die sie fallen könne und Höhlen, die sich bei Flut unerwartet schnell mit Meerwasser füllten. Doch die Vorstellung von geheimnisvollen Höhlen machte Emily keine Angst. Das machte sie nur noch abenteuerlustiger und steigerte ihre Neugier. Alles, was sie von dem Gedanken ablenkte, dass sie bald nichts davon mehr sehen würde, keine Sonne auf ihrer Haut spüren, keine salzige Meeresluft einatmen, sondern stattdessen in einer Kiste in der schwarzen Erde vergraben würde ... alles, was sie von diesen Gedanken ablenkte, war willkommen.

Aber da war noch etwas anderes: Im Gegensatz zum Strand, zum Fischerdorf oder den Cafés im Hafen, die auch einladend waren, fühlte sich Emily von den rauen Felsen und den meerumtosten Klippen geradezu magnetisch angezogen. Sie spürte eine tiefe Sehnsucht, die sie sich nicht erklären konnte.

Schon nach einer Viertelstunde hatte sie das Dorf weit hinter sich gelassen und näherte sich dem Fluss. Eine alte Steinbrücke führte über das Wasser. Emily überquerte die Brücke, verließ den Weg und wandte sich nach rechts in Richtung Meer.

Hier sah es verlassen aus, und das gefiel ihr – jedenfalls anfangs. Nachdem Emily sich jedoch erst einmal durch einige Dutzend Meter dichten Gestrüpps gekämpft und sich die Arme ordentlich aufgeschrammt hatte, verlor sie nicht nur die Lust, sondern auch jede Orientierung. Verzweifelt sah sie nach oben. Vom Stand der Sonne soll man ja die Himmelsrichtung ablesen können. Doch die Sonne taugte nicht als Kompass. Gleichgültig brannte sie von der Mitte des Himmels herab.

Wenn ich jetzt hier sterbe, wird mich garantiert nie jemand finden, dachte Emily. Tränen stiegen in ihre Augen. Sollte sie hier sterben? Ganz allein? Vielleicht hätte sie sich doch noch von ihrer Mutter verabschieden sollen. Wie so oft, wenn die Verzweiflung überwältigend wird, verwandelte Traurigkeit sich in Wut. Emily ärgerte sich darüber, wie sie nur so dumm hatte sein können, den Weg zu verlassen.

Doch dann wurde ihr bewusst, dass sie höchstens ein paar hundert Meter vom Meer entfernt sein konnte. Emily blieb stehen. Sie sog die salzige Luft tief ein. Schließlich schloss sie die Augen, hielt den Atem an und lauschte. Die Wellen waren zwar leise, aber sie konnte hören, woher das Rauschen kam. Außerdem hörte sie noch ein anderes Geräusch – ein Plätschern und Zischen wie aus dem Bauch eines hungrigen Riesen.

Emily kämpfte sich durch die Sträucher. Endlich lichtete sich das Gebüsch. Sie hörte das Rumoren nun immer lauter: Es war Meerwasser, das in einer Felsöffnung gurgelte.

Die Spalte tat sich ganz unvermutet unter ihren Füßen auf. Hätte Emily nicht gut auf ihre Schritte geachtet, wäre sie hineingestürzt. In der Tiefe öffnete sich der Spalt nach vorn zu einer winzigen Bucht, die von einer natürlichen Felsmole geschützt war. Emily legte sich auf den Bauch und blickte hinab. Vielleicht fünfzehn Meter unter ihr lag ein kleiner Sandstrand, der sich weich bis zwischen die Felsen ausdehnte. Sehnsüchtig blickte sie nach unten. Sie musste unbedingt da hinunter.

Woher dieser starke Drang kam, verstand sie nicht, aber sie wusste, dass sie das irgendwie schaffen musste.

Die steilen Felsen luden nicht gerade zum Klettern ein. Wenn sie doch wenigstens ein Seil hätte! Weit unten schlugen Wellen an schroffe Felsblöcke. Emily suchte die Felsen nach natürlichen Trittstellen ab, doch überall sahen sie glatt und gefährlich aus. Als ihr Blick jedoch zu dem Gestein direkt unter ihr wanderte, begann ihr Herz schneller zu schlagen: Hier waren Stufen grob in den Felsen gehauen, die das Hinunterklettern so einfach wie Treppensteigen erscheinen ließen.

Einige Minuten später stand sie in der Bucht. Emily hätte nicht sagen können, was an diesem Stückchen Sandstrand so großartig war. Sie fühlte sich einfach wohl. Und das Gefühl, dass hier etwas auf sie wartete, war stärker als zuvor. Vielleicht würde sie ja irgendwo einen Schatz entdecken?

Auf der linken Seite der Bucht wuchsen Felsen aus dem Meer und bildeten die Mole eines natürlichen Hafens. Emily kletterte auf die warmen Steine. Sie legte sich auf den Rücken und schloss die Augen. Hier war es wunderbar. Neben ihr klatschte der Ozean im immer gleichen, einschläfernden Rhythmus an den Fels. Ab und zu spürte sie den Sprühnebel der Brandung auf der Haut.

8

Emily begann gerade zu träumen, als sie ein plätscherndes Geräusch neben sich hörte. Sie öffnete die Augen, drehte sich auf den Bauch und suchte das Wasser ab. Hatte sie sich das Plätschern nur eingebildet? Sie wollte sich gerade wieder auf den Rücken legen, als sie auf einmal einen grauen Schatten knapp unterhalb der Wasseroberfläche entlangeleiten sah. »Ein Hai« war ihr erster Gedanke, und sie zuckte zurück. Doch dann hob der Schatten seinen Kopf aus dem Wasser, sah Emily direkt in die Augen und schien sie anzugrinsen: »Ein Delfin!«

Emily näherte sich vorsichtig. Noch nie in ihrem Leben hatte sie einen echten Delfin gesehen. Sie kannte Delfine nur aus Büchern und wusste natürlich, dass sie keine Fische, sondern Säugetiere waren und ziemlich intelligent sein sollten.

Der Delfin schwamm nicht weg. Er beobachtete Emily. Die beiden sahen sich an. Plötzlich senkte er die Schnauze und bespritzte Emily mit Wasser. Erschrocken sprang sie auf, wich hastig zurück und wäre beinahe auf der anderen Seite der Felsmole ins Meer gefallen. Sie torkelte wie ein Betrunkener und kam sich dabei ziemlich albern vor. Was war schon passiert – es war doch nur ein bisschen Wasser! Der Delfin wollte sicher nur spielen. Sie legte sich wieder hin und schob sich ganz dicht an den Rand des Felsens. Der Delfin steckte seinen Kopf aus dem Wasser. Emily hatte den Eindruck, als ob er sie auslachte.

Vorsichtig streckte sie die Hand nach ihm aus. Der Delfin glitt ganz nah an die Felsen heran, bis Emily ihn berühren konnte. Wie glatt und warm sich seine Haut anfühlte. Wie angewärmte Gummistiefel. Plötzlich fiel ihr Blick auf die Armbanduhr ihrer ausgestreckten Hand. Schon so spät!

»O Gott! Tut mir leid, ich muss sofort los!«, rief sie dem Delfin zu und stürzte los. Beinahe wäre sie gestolpert, als sie glaubte, eine Stimme in ihrem Kopf zu hören, die flüsterte: »Komm bald wieder, krankes Mädchen ...«

Emily fing sich gerade noch, drehte sich um und sah nach dem Delfin. Hatte er wirklich mit ihr gesprochen? Unmöglich! Das war doch lächerlich. Oder wurde sie jetzt langsam verrückt? Der Delfin war ein Stückchen weit hinausgeschwommen und wandte sich Emily ein letztes Mal zu. Dann tauchte er, sprang kurz darauf in hohem Bogen aus dem Wasser und verschwand in der blauen Weite.

»Komm bald wieder, krankes Mädchen ...« – in Emilys Kopf hallte das Flüstern noch lange nach. Ja, ganz sicher würde sie wiederkommen. Und das so schnell wie möglich.

9

Emily kam gerade noch rechtzeitig zum Mittagessen. Ihre Mutter wartete bereits mit einem Lächeln und einer Überraschung auf sie.

»Emily, heute machen wir einen Reitausflug!«

An jedem anderen Tag hätte Emily vor Begeisterung Luftsprünge gemacht. Vielleicht hätte sie ihre Angst und Wut sogar für eine Weile vergessen.

»Wie? Heute?«, fragte sie irritiert.

»Ich dachte, du liebst Pferde über alles!« Die Enttäuschung war ihrer Mutter deutlich anzuhören, und diesmal tat sie Emily doch ein wenig leid. Was heute in der Bucht passiert war, konnte sie ja nicht ahnen. Und Emily war entschlossen, dass sie das auch niemals erfahren sollte.

»Ja Mama, schon. Es kommt nur – so überraschend.«

Ihre Mutter lachte: »Klar, es sollte ja schließlich auch eine Überraschung sein. Ich hatte allerdings gehofft, dass du dich ein bisschen mehr darüber freust.«

»Aber ich freu mich doch!«, antwortete Emily. Und das stimmte auch – einerseits ...

Der Ausflug wurde schöner als erhofft. Dennoch war Emily beim Abendessen wieder bedrückt. Bei dem Ausritt war ihr stärker als je zuvor bewusst geworden, dass es noch so Vieles gab, was sie niemals erleben würde – so Vieles, was das Leben bunt und spannend machte. Ein Gutes hatte der gemeinsame Ausflug aber auf jeden Fall gehabt: Emily hatte ihrer Mutter klarmachen können, dass sie am nächsten Tag wieder allein unterwegs und diesmal sicher nicht zum Mittagessen zurück sein würde.

Nach einer unruhigen Nacht voll verwirrender Traumbilder war Emily schon aufgestanden, noch bevor es richtig hell wurde. Sie schlüpfte in ihre Kleider und schlich sich auf Zehenspitzen an der Zimmertür ihrer Mutter vorbei. Draußen war es noch kühl, aber es würde wieder ein sonniger Tag werden. Nachdem sie ein paar Mal gestolpert und fast hingefallen wäre, verlangsamte Emily ihren Schritt. Die schwarzen Flecken vor ihren Augen tauchten jetzt immer häufiger auf. Sie malten dunkle Muster in Emilys Blickfeld und fraßen immer größere Teile der Sträucher, des sandigen Pfades und des Himmels auf. »O Gott – ich will nicht blind sterben«, dachte sie. Und indem sie das dachte, stellte sie sich vor, wie sie in Dunkelheit und Einsamkeit starb und dass ihre Mutter dann vielleicht bitter bereuen würde, ihr nicht die Wahrheit gesagt zu haben. Sie würde auch im Sterben kein Wort zu ihrer Mutter sagen – dann würde Mutter endlich wissen, wie Emily sich fühlte ...

Emily stolperte weiter und wischte sich mit dem Handrücken die Tränen ab, die ihr über das Gesicht liefen. Hinter der Brücke schlug sie sich wieder durch das dichte Gebüsch. Sie brauchte eine Weile, bis sie die Bucht wieder gefunden hatte. Schließlich kletterte sie mit zitternden Knien den Felsen hinab. Ihr Herz klopfte wild und schnell, aber das kam nicht nur vom Klettern. Emily war aufgeregt. Und das war ja auch kein Wunder. Immerhin hatte sie sich gestern noch eingebildet, dass ein lebendiger Delfin zu ihr gesprochen hatte. So ein Unsinn! Wahrscheinlich war auch das ihre Krankheit. Gut möglich, dass nicht nur ihre Augen, sondern auch ihre Ohren sie inzwischen täuschten. Andererseits: Sollte es wirklich Wunder geben, dann wäre das jetzt genau der richtige Zeitpunkt für eins, dachte Emily und musste beinahe schmunzeln. Vielleicht würde er sich ja doch noch einmal blicken lassen ...

Emily stieg wieder auf die Mole, genau an der Stelle, wo sie den Delfin das letzte Mal gesehen hatte. Sie suchte die Wasseroberfläche ab. »Nein, ich werde nicht enttäuscht sein, wenn er nicht kommt«, dachte sie, ohne selbst wirklich daran zu glauben. Denn ganz ehrlich – wie groß war schon die Chance, dass der Delfin sich genau jetzt, bloß weil sie hier war, blicken lassen würde? Außerdem konnte man sowieso niemandem vertrauen. Weder der eigenen Mutter noch einem Delfin, den es vielleicht gar nicht gab. Emily hatte sich jedenfalls darauf eingestellt, notfalls den ganzen Tag zu warten. Und wenn der Delfin heute nicht käme, dann vielleicht morgen. Oder übermorgen.

Sie lehnte sich an einen glatten Felsen. Sie zog die Beine an, verschränkte die Hände um ihre Knie und schloss die Augen. Ihre Erinnerung an die gestrige Begegnung war noch ganz lebendig und klar. Emily dachte daran, wie unwahrscheinlich es war, dass sie den Delfin überhaupt je wiedersehen würde.

»Bitte komm«, dachte sie. »Bitte, bitte komm« – immer wieder. Ein leises Gebet, das sich im Rhythmus ihres Atems wiederholte. Doch im Gegensatz zu den vielen Gebeten, die sie als Kind aufgesagt hatte, bekam sie diesmal eine Antwort ...

10

»Mach die Augen auf, Mädchen«, flüsterte eine Stimme in ihrem Kopf. Sie klang sehr freundlich und warm, aber auch ein wenig belustigt. Emily riss die Augen weit auf. Etwas weiter draußen in der Bucht sprang der Delfin aus dem spiegelglatten Wasser, machte einen Salto und klatschte ins Meer zurück. Dann schwamm er nah an die Felsen heran, legte den Kopf schräg und sah Emily, die mit offenem Mund dastand, lange an.

Emily starrte ungläubig auf ihren seltsamen neuen Freund. »Sprichst du wirklich mit mir?«, fragte sie.

»Was glaubst du, Mädchen? Nur was *du* glaubst, ist, worauf es ankommt«, sagte der Delfin.

Jetzt konnte Emily deutlich sehen, dass der Delfin seinen Schnabel beim Sprechen gar nicht bewegte. Seine Stimme schien also direkt in ihrem Kopf zu entstehen.

Das wollte sie genauer wissen: »Kannst du meine Gedanken lesen?«, dachte Emily. Sie konzentrierte sich dabei auf jedes Wort, achtete aber darauf, die Lippen ganz still zu halten.

»Nun ja, da gibt es nicht viel zu lesen, oder?«

Emily konnte es nicht fassen. Hier stand sie in einer geheimnisvollen Bucht, auf einer kleinen Insel mitten im Meer und unterhielt sich telepathisch mit einem Delfin, der ihr Beleidigungen an den Kopf warf.

»Entschuldige, ich wollte dich nicht kränken. Aber die

vielen Gedanken, die dich quälen, sind nur ein sehr kleiner Teil von dir, Mädchen«, sagte der Delfin.

»Pass mal auf, du komischer *Fisch*: Ich heiße gar nicht Mädchen, sondern Emily«, sagte sie mit gespieltem Trotz. Einen Moment lang fürchtete Emily, den Delfin nun ihrerseits beleidigt zu haben. Doch sogleich spürte sie, dass er innerlich lachte und sie längst durchschaut hatte. Ein warmes Gefühl durchflutete sie. Es war eigenartig: Auf dieser fernen Insel fühlte sie sich so zuhause wie nirgendwo sonst auf der Welt. War diese unscheinbare Bucht am Ende vielleicht der Hafen, nach dem Emily sich so lange schon gesehnt hatte?

»Emily« – die lautlose Stimme des Delfins durchdrang ihren ganzen Körper, alle ihre Zellen, ihr Denken und Fühlen. »Emily, du musst keine Angst haben.«

Sie wollte protestieren. Aber wozu? Welchen Sinn hatte es schon, sich selbst und ihrem geheimnisvollen Besucher etwas vorzumachen. Selbstverständlich hatte sie Angst. Panische Angst sogar – vor dem Tod, vor Schmerzen, davor, alles zu verlieren und in ein unheilvolles, dunkles Nichts zu stürzen. Emily schlug die Hände vor die Augen. Tränen der Wut und Verzweiflung strömten ihr übers Gesicht.

»Emily – glaubst du etwa, ich weiß nicht, was los ist? Glaubst du wirklich, dass die Dinge nur zufällig geschehen? Nein Emily. Es ist nicht der Zufall, der mich zu dir geführt hat. Ich bin gekommen, weil ich weiß, dass du schon bald auf die andere Seite reisen wirst«, sagte der Delfin.

Während seine Worte tief in Emilys Bewusstsein einsanken, wurde ihr schwarz vor Augen. Irgendwo in ihrem Hinterkopf hatte sich immer noch die Hoffnung versteckt, dass alles nur ein Irrtum war, dass sich die Ärzte geirrt hatten, dass ein Wunder geschehen und sie wieder ganz gesund werden würde. Jetzt aber stand die Gewissheit wie eine kalte, unüberwindbare Wand vor ihr.

»Ich weiß, dass du Angst hast. Aber ich habe etwas anderes gemeint, als ich sagte, dass du keine Angst haben musst. Du *musst* die Angst nicht festhalten«, sagte der Delfin.

Emily war verwirrt. Das war eine seltsame Art, die Dinge zu sehen. Seit Wochen versuchte sie, sich nicht unterkriegen zu lassen. Seither war kein Tag vergangen, an dem sie nicht gegen ihre Tränen und ihre Angst angekämpft hatte, an dem sie nicht versucht hatte, tapfer zu sein. Und jetzt sollte sie selbst an dem Abgrund schuld sein, in den sie zu fallen drohte, nur weil sie ihre Angst festgehalten hatte? Das fand sie sehr ungerecht.

»Hättest du etwa keine Angst, wenn du wüsstest, dass du sterben musst?«, antwortete sie.

»Nein. Ich weiß ja, dass ich sterben muss. Alles, was lebt, muss irgendwann einmal sterben. Leben und Tod sind nur Geschwister aus derselben Familie.«

»Du hast leicht reden. Ich muss ja nicht irgendwann einmal, sondern schon sehr bald sterben. Und ich habe schreckliche Angst vor dem, was gerade mit mir passiert!«

»Das verstehe ich gut, Emily. Aber was ich gerne wissen würde – ist es die Angst, die zu dir gekommen ist, oder warst nicht vielmehr du es, die der Angst einen Besuch abgestattet hat?«, fragte der Delfin.

Schon wieder so eine komische Frage, dachte Emily. »Ich weiß nicht, was du meinst. Jedenfalls habe ich sicher nicht absichtlich Angst.«

»Vielleicht gehen deine Gedanken einfach nur zu oft auf Reisen? Vielleicht besuchen sie die Zukunft zu oft?«

»Wie meinst du das, die Zukunft besuchen?«

»Im Augenblick bist du doch sehr lebendig, oder nicht?«

»Schon, aber gerade hast du ja selbst gesagt, dass ich bald tot sein werde«, sagte Emily.

»Hör zu Emily: Ich habe gesagt, dass du *jetzt* sehr lebendig aussiehst.«

Moment mal. Das stimmte natürlich: *Jetzt* war sie lebendig, erst in der Zukunft würde sie tot sein. War es das, was der Delfin gemeint hatte?

»Wenn du deine Gedanken an einen dunklen und furchterregenden Ort reisen lässt, solltest du dich nicht wundern, wenn sie von dort Dunkelheit und Angst mit nachhause bringen. Und außerdem, Emily: Jedes Mal, wenn du nicht ganz hier bist, tauschst du deine Lebendigkeit gegen etwas ein, was niemals so wunderbar sein kann wie der gegenwärtige Augenblick«, sagte der Delfin.

Emily überlegte. Darüber, dass ihre Gedanken in der Zeit unterwegs waren, hatte sie noch nie nachgedacht. In ihrem Kopf drehte sich alles. Sie versuchte, es zu verstehen: Hier war sie, und ihre Gedanken waren woanders? Ja – das kam tatsächlich vor. Und es stimmte schon: So gesehen entführten ihre Gedanken sie sogar ziemlich oft aus der Gegenwart, in der sie ja eigentlich ganz lebendig war.

»Aber was kann ich da machen? Meine Gedanken laufen doch ganz von allein los«, fragte Emily.

»Sicher – das stimmt. Doch andererseits bist du es, die in jedem Augenblick aufs Neue entscheiden kann.«

»Wie meinst du denn das schon wieder?«, fragte Emily.

Der Delfin tauchte ab, und einen Moment dachte Emily, dass er die Unterhaltung einfach abgebrochen hatte. Vielleicht hatte sie zu ungeduldig reagiert. Doch bevor sie sich ganz in ihre Sorge vertiefen konnte, kam er ein paar Meter entfernt schon wieder zum Vorschein: »Spürst du die Muschel, die unter deinem linken Arm liegt, Emily?«, fragte der Delfin.

Emily hob ihren Arm. Tatsächlich hatte sie mit dem Unterarm auf einer Muschel gelegen, und es war ein zarter Abdruck auf ihrer Haut zu sehen.

»Hörst du, wie aufgeregt die Möwen heute schreien und wie das Wasser in die kleine Steinhöhle gleich hinter deinem Kopf plätschert?«

Emily sah zum Himmel hinauf. Natürlich hatte sie die Möwen und das Glucksen unterschwellig wahrgenommen, aber bewusst hatte sie die Geräusche nicht gehört, das musste sie zugeben.

»Welche Augenfarbe habe ich?«

Emily wollte dem Delfin in die Augen sehen, aber er war blitzschnell unter Wasser verschwunden. »Das darf doch wohl nicht wahr sein!«, dachte sie. »Ich habe ihn die ganze Zeit angeschaut, und jetzt weiß ich noch nicht einmal, ob er schwarze, graue oder blaue Augen hat.«

»Ja, schon gut, du hast ja Recht«, rief sie. »Aber ich kann alle diese Dinge doch nicht dauernd sehen, spüren, hören und riechen ...«

Der Delfin hatte seinen Kopf inzwischen wieder aus den Wellen gestreckt. »Nein, natürlich nicht«, sagte er. Dann schwieg er lange, so als würde er darauf warten, dass Emily selbst auf die Lösung kam.

Was konnte der Delfin gemeint haben?

»Meinst du, dass es vielleicht gar nicht darauf ankommt, all das gleichzeitig wahrzunehmen? Sondern nur darauf, sich nicht von seinen Gedanken entführen zu lassen?«, riet Emily vorsichtig.

»Emily, ich bin stolz auf dich!«

Jetzt fühlte sie sich schon sicherer. »Und wenn ich ganz hier bleibe und nicht zulasse, dass meine Gedanken mich mit auf ihre Reise nehmen, dann habe ich auch keine Angst mehr?«

Der Delfin musste gar nicht antworten. Emily lachte. Sie konnte sich nicht daran erinnern, wann sie sich das letzte Mal so frei gefühlt hatte. Sie atmete tief durch. Doch es dauerte nicht lange, bis ihre Gedanken wieder unruhig wurden. So einfach war das Ganze wohl doch nicht. Sie musste gut aufpassen, ihre Gedanken im Zaum zu halten. Schnell fand sie heraus, dass das viel leichter ging, wenn sie öfter darauf achtete, was sie gerade sah, hörte oder spürte. Und wenn sie losließ.

11

»Emily, du lernst wirklich schnell! Fast wie ein Delfin ...« Die Stimme in ihrem Kopf lachte, und Emily lachte mit.

»Du hast soeben das Geheimnis des Jetzt entdeckt! Niemand zwingt dich, dich von deinen Gedanken forttragen zu lassen. Wie du dich fühlst, hängt immer nur davon ab, worauf du deine Aufmerksamkeit richtest. Sobald du deine Aufmerksamkeit auf das Jetzt lenkst, hat das Leiden ein Ende.«

»Das Geheimnis des Jetzt? Vielleicht solltest du mir erst einmal ein ganz anderes Geheimnis verraten«, sagte Emily. »Wie heißt du?«

Der Delfin senkte seinen Kopf unter die Wasseroberfläche und gab einen langen, keckernden Pfeifton von sich.

Emily wirkte hilflos. »So etwas kann doch kein Mensch aussprechen«, sagte sie.

»Dann solltest du mich vielleicht lieber Vadanti nennen.«

»Vadanti? Wirklich?« Emily kicherte. Was für ein seltsamer Name für einen Delfin; aber seinen richtigen Namen konnte sie ja ohnehin nicht aussprechen. »Na gut – Vadanti. Und wie kommt es, dass du mit mir reden kannst? Ich habe noch nie gehört, dass Delfine mit Menschen sprechen.«

Vadanti lachte. »Aber das tun sie. Oft sogar. Nur hören die Menschen meistens nicht zu! Mit dir ist das etwas anderes; du kannst mich hören, weil ich dein Begleiter bin.«

Emily verstand sofort, was er damit meinte. Vadanti würde

ihr ganzes weiteres Leben bei ihr sein. Nur, dass ihr Leben nicht mehr besonders lange dauern würde. Erneut warf die Traurigkeit ein dunkles Tuch über ihre Seele.

Vadanti steckte seine Schnauze unter Wasser und bespritzte sie mit einem kalten Schauer. »Emily!«

Emily fühlte sich, als ob sie jemand fest in den Arm genommen hätte. Sie wollte sich anlehnen und ihren Tränen freien Lauf lassen. Sie tat sich selbst so leid – was hatte sie denn der Welt getan, dass das Schicksal so grausam mit ihr umsprang? Doch noch bevor sich das bittersüße Gefühl des Selbstmitleids in ihr ausdehnen konnte, fiel ihr mit einem Mal wieder ein, was sie über ihre Gedanken gelernt hatte. In diesem Augenblick traf Emily eine Entscheidung: »Jetzt!«, dachte sie. Sie konzentrierte sich ganz auf die Gegenwart, spürte den Fels unter sich, den Wind und die Wassertropfen auf ihrer Haut, sie roch den Duft des Meeres, lauschte seinem Rauschen und sah die Reflexionen des Lichts auf der Wasseroberfläche. Ihr wurde bewusst, dass ihre Traurigkeit nur ein dünner Schleier war, der das, was ist – dieses Wunder, das Welt heißt – nicht länger verdecken konnte.

»Du bist wirklich ein erstaunliches Menschenmädchen, Emily«, flüsterte Vadanti. »Willst du noch ein Geheimnis über das Jetzt erfahren?«

Emily tauchte die Füße ins Wasser, nickte und lächelte Vadanti an.

»Also gut: Du hast gemerkt, dass du deine Gedanken nicht in die Dunkelheit laufen lassen musst, sondern sie hierbehalten kannst. Dann fühlen sie sich im Jetzt vollkommen wohl und werden dich nicht länger quälen. Doch wenn du nicht aufpasst, laufen sie schnell wieder los.«

»Ja, stimmt. So wie gerade. Und dann werde ich traurig oder habe Angst vor dem, was kommt«, sagte Emily.

»Richtig. Und natürlich kannst du nicht ständig auf der Hut

sein. Aber du kannst etwas tun, damit deine Gedanken gar nicht erst so weit weglaufen.«

Emily runzelte die Stirn. »Ich weiß nicht, glaubst du? Meine Gedanken sind manchmal wie wilde Pferde. Dann kann ich sie nicht aufhalten.«

»Was würdest du machen, wenn du wirklich Pferde hättest?«, erwiderte Vadanti. »Sicher – du könntest sie in eine Koppel sperren und aufpassen, dass sie nicht entwischen. Aber gibt es noch etwas anderes, das du tun könntest, damit sie freiwillig bleiben?«

Emily überlegte. Sie liebte Pferde. »Ich denke, ich würde dafür sorgen, dass sie sich bei mir wohl fühlen. Ich würde jedes einzelne Pferd streicheln und mit ihm sprechen ...«

»Warum versuchst du das nicht auch mit deinen unruhigen Gedanken?«, fragte Vadanti.

Emily schob die Unterlippe nach vorne und versuchte, sich das vorzustellen. »Aber Gedanken kann man doch nicht streicheln und mit ihnen sprechen, oder?«

»Hast du es denn jemals probiert?«

»Nein«, gab Emily zu. »Ich wüsste auch gar nicht, wie. Gedanken sind ja nicht da ... also ich meine – sie sind zumindest nichts, was ich anfassen kann.«

»Pferde aus Fleisch und Blut kannst du mit Händen aus Fleisch und Blut berühren. Und Gedanken?«

»... kann ich mit Gedanken berühren?« Emily hatte das Gefühl, etwas Wichtiges entdeckt zu haben. »Aber wie kann ich meine Gedanken denn anfassen?«

»Probier es aus! Es ist leichter als du denkst.«

12

Emily schloss die Augen und konzentrierte sich.

Ja, jetzt sah sie all die Gedanken, sah all ihre Vorstellungen wie einzelne Mosaiksteinchen, aus denen ihre Angst vor dem Sterben sich zusammensetzte. Es war sonderbar, ihre eigenen Gedanken wie von außen zu sehen. Hier war die wirkliche Emily, die in der Gegenwart existierte – und dort waren die ängstlichen Gedanken, die zwar auch zu ihr gehörten, aber nicht die eigentliche Emily waren.

Sie näherte sich diesen Gedanken, wie sie auf ein Pferd zugegangen wäre – langsam und behutsam. Plötzlich kam es ihr ganz natürlich vor, zu ihren Angstgedanken zu sprechen. Sie sagte: »Ganz ruhig, hier bist du sicher.« Sie sagte: »Es ist schon in Ordnung, du darfst hier sein. Ja – komm; ich passe auf dich auf.« Ihre Gedanken begannen sich vor ihrem inneren Auge zu verändern. Sie kamen und gingen, verloren an Gewicht und an Bedeutung. Sie wurden leichter und unbeständiger. Je länger Emily ihre Gedanken beobachtete, desto weiter öffnete sich der dunkle Vorhang der Angst in ihrem Bewusstsein. Und immer klarer drang das Licht in ihre Seele.

Tief in ihr erklang die Stimme von Vadanti: »Sehr gut, Emily. Lass deine Gedanken frei laufen. Heiße sie herzlich willkommen, aber dann lass sie weiterziehen. Halte sie nicht fest.«

Emily zögerte kurz. Dann probierte sie es. Sie ließ ihre Gedanken frei. Ihr Geist dehnte sich aus. Ihre Gedanken liefen in die Zukunft. Emily erkannte, dass die Zukunft kein dunkles, sondern nur ein unbekanntes Land war, das sie neugierig machte. Ihr wurde bewusst, dass es viele verschiedene Masken gab, die die Zukunft in buntem Wechsel trug.

Emily rief ihre Gedanken wieder zu sich und lenkte sie zurück in den Augenblick. Zum ersten Mal in ihrem Leben war sie ganz sie selbst und vollkommen wach. Sie öffnete die Augen und staunte. Die Welt war eine andere geworden, hatte ein neues, luftigeres Kleid angezogen. Statt nur Kulisse für ihre Gedanken zu sein, waren die Farben, Klänge und Gerüche jetzt zu etwas geworden, das sie einatmen, schmecken, ja nahezu anfassen konnte.

Vadantis Stimme lachte in ihrem Geist. »Möchtest du ein letztes Geheimnis über das Jetzt erfahren, Emily?« Emily strahlte den Delfin erwartungsvoll an. Vadanti sah ihr tief in die Augen. Er schwieg lange. Dann sagte er leise: »Jeder Augenblick ist ein ganzes Leben. Was getrennt erscheint, ist in Wirklichkeit eins, Emily. Was auch immer gestern gewesen ist, was auch immer morgen sein wird – all das ist im Jetzt miteinander verbunden.«

Weit davon entfernt, auch nur ansatzweise zu verstehen, geschah in diesem Moment etwas Seltsames mit Emily: Ihr Geist weitete sich in die Unendlichkeit. Sie war ganz in diesem Moment, ganz in der Gegenwart – doch in dieser Gegenwart waren Vergangenheit und Zukunft auf geheimnisvolle Weise vereint.

»Emily, ich werde jetzt fortschwimmen, aber du wirst nicht alleine sein. Du wirst ab jetzt nie wieder alleine sein, denn ich werde bei dir bleiben, so wie ich schon immer bei dir war. Vergiss nicht: Was getrennt erscheint, ist eines. Versuche nicht, es mit deinem Kopf zu verstehen, Emily – lass dein Herz singen und springe einfach vertrauensvoll in das unendliche, warme Meer deiner Seele.«

Vadanti tauchte unter und schoss mit einem gewaltigen Sprung aus dem Wasser, drehte sich um die eigene Achse, tauchte wieder in die Tiefe und war verschwunden. Emily blickte noch eine Weile auf das Meer hinaus, dann drehte sie sich auf den Rücken und schloss die Augen.

Zuerst fühlte sie sich frei und weit und leicht. Doch mit Vadanti schienen auch die schönen, warmen Gefühle zu verschwinden. Angst machte sich in Emilys Herz breit – und stärker noch, allmählich steigend, wie die Flut, der Ärger.

Dieser Delfin spielte sich zum Lehrer auf und wusste doch gar nicht, wie sie sich fühlte. Was wusste er denn schon von Tod, Angst und Schmerzen? Wie kam er dazu, einem todkranken Mädchen etwas von unnötiger Angst zu erzählen? Sie begann zu schluchzen und presste die Hände auf ihre Augen.

Sie wusste kaum noch, ob sie sich Vadanti eingebildet hatte, oder ob er Wirklichkeit war. Eigentlich spielte es sowieso keine Rolle mehr.

Emily lag auf der Mole, bis die Klippen Schatten warfen und es kühl wurde. Wie schnell doch der Tag vergangen war! Emily stand auf, klopfte sich den Sand von den Beinen und machte sich mit hängenden Schultern auf den Weg zurück zum Hotel.

13

Schon von weitem sah sie, dass ihre Mutter auf der Sonnenter-
rasse stand und mit ihrem Falkenblick Ausschau nach ihr hielt.
Emily winkte und ging schneller. Ihre Mutter lief ihr entgegen.
Emily sah sofort, dass sie geweint hatte. Das fachte ihre Wut
erneut an.

»Du Arme! Bist du krank? Musst du etwa sterben?«, sagte
Emily mit verstelltem, süßlichem Ton.

Ihre Mutter sah sie entgeistert an. Emily wandte sich schroff
ab. Sie rannte rauf in ihr Zimmer, knallte die Tür hinter sich
zu und warf sich aufs Bett.

Allmählich beruhigten sich ihre Gedanken wieder. Und je
ruhiger sie wurden, desto lebendiger und liebevoller wurden
die Erinnerungen an Vadanti. Vielleicht hatte er ja doch Recht
gehabt: Vielleicht verbarg sich im Jetzt wirklich ein großes, befreiendes Geheimnis? Emily schloss die Augen. Sie spürte
ihren Gedanken nach. Hatte sie womöglich nur Angst davor,
ihre Angst zu verlieren, und war deshalb so ungerecht zu
Vadanti?

Plötzlich hielt es Emily keine Sekunde länger auf dem Bett.
Die Stimme in ihrem Herzen war jetzt klar zu hören: Es war
Zeit, etwas herauszufinden. Sie musste das Meer sehen und
spüren, und zwar sofort. Sie stand auf und schlich sich aus dem
Hotel. Ohne dass jemand sie sah, ging sie bis zum Ende des
Strandes hinunter und setzte sich auf einen Felsen, der ins

Meer ragte. Als sie die Augen schloss, fühlte sie sich beinahe, als wäre sie wieder in ihrer kleinen Bucht mit Vadanti.

Sie tauchte ganz in den Moment ein. Das Glucksen des Wassers im Fels, die Möwenschreie, das Lecken und Saugen der Wellen am Strand, die Stimmen der Fischer, die sich in der Ferne etwas zuriefen, der Geruch des Meeres, das Gefühl des Steines an ihren Oberschenkeln.

Auch mit geschlossenen Augen nahm sie nun mehr wahr, als je zuvor mit offenen. Sie hatte das Geheimnis des Jetzt erfahren. Im Jetzt gab es keine Angst, keine Sorgen. Im Jetzt kamen die unruhigen Gedanken zur Ruhe. Wie Wellen nach einem Sturm.

Und da hörte sie, ganz leise, eine Stimme, die sie streichelte. »Emily!«

Sie öffnete die Augen und sah weit draußen im Meer einen Delfin einen hohen Sprung machen.

Langsam, noch ganz erfüllt von Staunen über die Erfahrung des Jetzt, ging Emily zum Hotel zurück. Es war schon dunkel geworden. Emily wusste nicht, wie lange sie dort am Meer gesessen hatte – nur dass ihre Gefühle nun klar und hell waren, wo sie zuvor dunkel und trostlos gewesen waren.

Ihre Mutter stand verloren da und sah in die Ferne. Sie schrak zusammen, als Emily sie rief, und wischte sich mit dem Handrücken über die Augen.

»Arme Mama«. Emily wunderte sich über ihr spontanes Mitgefühl, das so gar nicht zu ihren Plänen passte. Wo waren all die Wut und Bitterkeit geblieben? Hatten sich diese Gefühle in Luft aufgelöst? Oder gar in diesem geheimnisvollen Jetzt, in das Vadanti sie geschubst hatte? Sie musste schmunzeln.

»Emily, mein Schatz, wo warst du denn? Ich habe überall gesucht – aber keiner, den ich gefragt habe, hat dich gesehen. Ich hab mir furchtbare Sorgen gemacht!«

Emily umarmte ihre Mutter. »Du musst dir keine Sorgen machen. Alles ist gut. Schau doch, wie schön es hier ist. Ich hab dich lieb, Mama.«

Ihre Mutter schaute sie mit vor Überraschung geweiteten Augen an. Sie erkannte ihre Tochter nicht wieder. Emily war in letzter Zeit so still und abweisend gewesen, doch nun leuchteten ihre Augen. Sie strahlte über das ganze Gesicht. Hatte Emily ihr soeben wirklich gesagt, dass sie sie lieb hätte? Sie konnte sich nicht daran erinnern, wie lange es her war, dass Emily so etwas zu ihr gesagt hatte. O Gott, vielleicht war es ja die Krankheit, die sie so verändert hatte. Bei der Vorstellung, dass ihre kleine Tochter bald sterben würde, konnte sie sich nicht länger beherrschen. So gut es ihr bisher auch gelungen war, die Fassung in Emilys Gegenwart zu bewahren, jetzt wurde ihr die Maske des Lächelns von einem Strom aus Tränen aus dem Gesicht geschwemmt.

Emily zog ihre Mutter an sich und streichelte ihr übers Haar. »Mama, es ist alles gut. Jetzt ist alles gut.« Ihre Stimme klang so sicher, so überzeugt und so glücklich, dass es ihrer Mutter tatsächlich gelang, ein kleines Lächeln auf ihr Gesicht zu zaubern – und diesmal brauchte sie dazu keine Maske.

»Weißt du was: Ich habe einen Bärenhunger«, sagte Emily und grinste.

Hand in Hand schlenderten die beiden zu dem kleinen Fischrestaurant am Yachthafen. »Mama, wir sollten mehr miteinander reden, findest du nicht auch?«, sagte Emily.

Während sie durch den feuchten Sand gingen, sah sie ihre Mutter nachdenklich an. Sie dachte daran, dass sie sicher glücklicher wäre, wenn sie ihr offen sagen könnte, warum sie traurig war. »Ja Emily, das finde ich auch«, seufzte ihre Mutter.

Plötzlich musste Emily über sich selbst lachen. Vor kurzem war sie noch so wütend auf ihre Mutter gewesen – und jetzt war sie es, die ein Geheimnis vor ihrer Mutter hatte. *Jetzt*, dachte Emily. Auch dieser Augenblick ist ein ganzes Leben. Und der nächste. Und dann wieder der nächste ... Als sie bemerkte, dass ihre Mutter sie besorgt ansah und wieder kurz davorstand, in Tränen auszubrechen, riss sie sich zusammen. Wie sollte sie auch die Heiterkeit und Leichtigkeit verstehen können, die ihre Tochter erfüllte?

»Alles okay, Mama. Ich freue mich nur, mit dir hier zu sein.«

14

Am nächsten Morgen ging Emily den staubigen Pfad entlang, der sich zur Bucht schlängelte. Sie war ernst und nachdenklich. Sie beobachtete wachsam jeden ihrer Schritte. Ihre Angst war inzwischen fast verschwunden, und wann immer sie zwischendurch doch einmal auftauchte, rief Emily ihre Gedanken und Gefühle ganz in den gegenwärtigen Augenblick zurück.

Der vertraute Weg schien ihr ganz neu: Alles war intensiver, seit sie – jedenfalls meistens – in der Gegenwart lebte. Sie spürte die Steine und Wurzeln unter ihren Füßen, staunte über die Vielfalt der Blumen, hörte die Bienen summen. Sie lauschte den verschiedenen Vogelstimmen, die inzwischen so vertraut klangen. Das leise Rauschen des Meeres verschmolz sanft mit dem Rauschen des Windes in den Bäumen. Der würzige Duft der kleinen Insel vermischte sich mit dem des unendlichen Ozeans.

Noch nie waren Emilys Sinne so wach und fein gewesen. Doch auch die Auswirkungen ihrer Krankheit, die dunklen Flecken vor ihren Augen, die Unsicherheit beim Gehen, waren ihr noch nie so bewusst gewesen wie heute. Die Angst war gegangen, doch hinter dem rauschenden Lied ihrer Lebendigkeit war leise der stille Strom der Trauer zu hören. Eine melancholische Hintergrundmusik. Je intensiver sie lebte, desto deutlicher wurde ihr, wie vergänglich das Leben war. Und es war nicht nur ihre eigene Vergänglichkeit, die sie traurig machte. Es war die Zerbrechlichkeit, die über allem Sein lag wie zu dünn geratener Zuckerguss.

Schon als sie die Klippen hinabstieg, sah sie Vadanti in der Ferne schwimmen. Als sie auf die Mole kam, tauchte er plötzlich dicht neben ihr auf. »Emily! Ich spüre, dass du traurig bist.«

Emily zuckte mit den Schultern. »Ja, ein bisschen. Das Leben ist manchmal nicht gerade leicht.«

»Weißt du, dass Delfine für ›Leben‹ und ›Spiel‹ nur ein Wort haben?«

»Das glaub ich dir gerne. Allerdings habt ihr es auch leichter als wir, oder? Ihr müsst nicht zur Schule oder zur Arbeit gehen und könnt den ganzen Tag im warmen Meer herumschwimmen, spielen und eure Sprünge üben.«

»Nein, Emily, das ist nicht der Grund. Weißt du nicht, dass viele Delfine in Fischernetzen sterben? Oder dass es für uns immer schwerer wird, Fische zu fangen, um satt zu werden? Weißt du, dass wir früher, bevor die Menschen mit Motorbooten Lärm machten, mit unseren Freunden, die hunderte von Kilometern entfernt schwammen, sprechen konnten – und dass wir uns jetzt nur noch verständigen können, wenn wir einander ganz nah sind? Weißt du, wie es ist, wenn du lange in der Tiefe warst und dich auf einen frischen Atemzug freust, aber dann eine Plastiktüte deine Nase verschließt oder die Luft, die du atmest, in der Lunge wehttut...«

»Oh.« Emily hatte von der Überfischung der Meere gehört und auch davon, wie viele Gifte täglich in die Ozeane gelangten. Im Fernsehen hatte sie einmal Bilder von riesigen Öl- und Plastiktütenteppichen gesehen, von Vögeln mit verklebtem Gefieder und – jetzt erinnerte sie sich – auch von verendeten Walen und Delfinen. »Entschuldige, Vadanti, das habe ich vergessen. Das ist wirklich schrecklich! Ihr müsst die Menschen hassen!«

»Warum? Was würde das ändern?«

»Aber es ist so ungerecht. Delfine tun doch keinem Menschen etwas!«

»Und das wird auch so bleiben. Wer Hass im Herzen trägt, kann niemals das Geheimnis der Leichtigkeit und Heiterkeit erfahren. Für uns Delfine ist das Leben kein Kampf, sondern ein freudiges, aufregendes Spiel«, sagte Vadanti. »Wer spielt, statt zu kämpfen, nimmt die Dinge leicht – und er verliert keine Energie durch unnötigen Widerstand. Spiele dein Leben, Emily. Höre auf, zu kämpfen und dich anzustrengen, und löse dich von der Wut, die du in dir trägst.«

15

Emily dachte darüber nach. Konnte man das Leben wirklich als Spiel ansehen? Das wäre zu schön, um wahr zu sein. All die Kämpfe, die die Menschen austrugen, mit sich selbst, gegen andere, gegen die Natur – sie konnte sich nicht vorstellen, dass sie zu irgendetwas gut sein könnten. Emily fühlte, wie sich in ihrer Seele eine Tür öffnete. Hinter dem Spalt erahnte sie etwas Wunderbares, Befreiendes. Doch es blieb ungreifbar, denn irgendetwas hinderte die Tür daran, sich ganz zu öffnen.

»Ich glaube, ich verstehe dich, Vadanti. Aber ist es nicht egoistisch, nur zu spielen? In unserer Schule wären die Lehrer jedenfalls nicht begeistert.«

»Warum denn nicht? Geht ihr nicht in die Schule, um etwas zu lernen?«, fragte Vadanti.

»Doch natürlich sollen wir etwas lernen – und deshalb sollen wir ja nicht spielen!«

»Ihr sollt lernen, ohne zu spielen?« Vadanti sah verwirrt aus. »Das ist schwierig für mich zu verstehen. In unserer Sprache hat das Wort für ›Leben‹ und ›Spielen‹ die gleiche Bedeutung wie das Wort für ›Lernen‹. Ist es nicht verrückt, diese Dinge zu trennen?«

Die Türe in Emilys Seele öffnete sich ein Stückchen weiter. Leben ohne Lernen war in der Tat langweilig und sinnlos. Und wenn das Leben ein Spiel war, war auch das Lernen ein Spiel – ob die Lehrer das jemals begreifen würden? Plötzlich musste sie lachen.

»Vadanti, wir Menschen sind komisch. Wir glauben, dass Spielen und Lernen Gegensätze sind!«

»Erstaunlich, dass ihr ohne Freude überhaupt etwas lernen könnt.«

»Aber muss man sich nicht manchmal anstrengen, um etwas zu lernen?«

»Natürlich. Das ist ja gerade das Aufregende«, lachte Vadanti. »In jedem Spiel verbirgt sich eine Aufgabe. Die Frage ist nur, ob wir diese Aufgabe für uns entdecken können.«

»Und was, wenn etwas wirklich Schlimmes passiert? Was, wenn beispielsweise jemand sterben muss, und das vielleicht viel zu früh, ist das etwa auch ein Spiel?«, fragte Emily, während sie sich den Sand durch die Finger rieseln ließ.

Vadanti ließ sich im Wasser treiben. Schließlich sagte er: »Es gibt schwierige Augenblicke, Emily – Momente, in denen wir sehr leicht vergessen können, dass wir Teil eines großen Spiels sind.« Vadanti sprach jetzt sehr langsam: »Leben und Sterben sind die Spielregeln des universellen Spiels. Du hast immer nur zwei Möglichkeiten – entweder kämpfen oder spielen.«

Emily blickte nachdenklich auf das Meer hinaus. Die Sonne stand schon tief. Rosarote Wolken hingen am tiefblauen Himmel – letzte Farbtupfer, bevor der Tag sich schlafen legen würde. Wieder ein Tag weniger, dachte Emily.

»Weißt du, woran man einen guten Spieler erkennt?« Vadantis Stimme holte Emily sanft aus ihren Gedanken.

»Nein – woran?«

»Daran, dass er seine Aufgabe umso schneller erkennt, je schwieriger das Spiel wird.«

»Tja – wer weiß. Vielleicht kann ich auch lernen, alles als Spiel zu sehen«, dachte Emily. »Aber was, wenn ich meine Aufgabe darin nicht finde?«

Vadanti hatte ihre Gedanken gelesen. »Nur wenn es möglich ist, dass du verlierst, kannst du gewinnen«, sagte er.

Emily schüttelte traurig den Kopf. Das war alles so schwierig. Wie sollte sie das kurze Leben, das ihr noch blieb, nur als Spiel sehen? »Ich bekomme es nicht hin. Wie kann ich alles als ein freudiges Spiel sehen, wenn Angst, Traurigkeit und Tod auf mich warten?«

»Emily, weißt du denn wirklich, was auf dich wartet?«

»Ja. Das Ende meines Lebens. Das ist nicht schwer zu erraten, nach allem, was die Ärzte gesagt haben!«, sagte sie. Die Bitterkeit in ihrer Stimme war nicht zu überhören. Doch Vadanti ging nicht darauf ein.

»Spiele das Spiel. Wenn du keine Freude hast, dann nur, weil du gegen sie ankämpfst.«

»Ich will ja froh sein. Warum sollte ich dagegen kämpfen?«

»Weil es Mut braucht, ins Unbekannte einzutauchen. Für den Sprung in die Freiheit brauchst du sogar sehr viel Mut«, sagte Vadanti. »Schon kleine Sprünge erfordern Mut. Junge Delfine trauen sich anfangs nicht, aus dem Wasser zu springen. Und wie du weißt, trauen viele Menschen sich nicht, *ins* Wasser zu springen.«

»Vadanti, kannst du mir dabei helfen, mehr Mut zu haben?« Emily ließ den Kopf sinken.

»Der Mut ist schon längst in dir, Emily. Du musst ihn nur freilassen.«

»Aber ich habe Angst.« Emily saß zusammengekauert auf dem Felsen. Sie hatte die Arme fest vor der Brust verschränkt.

»Natürlich. Ohne Angst kann es keinen Mut geben. Wenn du möchtest, werde ich dich auf dem Weg zu deinem Mut begleiten«, sagte Vadanti.

16

»Komm, Emily, schwimm mit mir!« Vadanti drehte einladend
einige kleine Kreise im glasklaren Wasser der Bucht.

»Aber ich kann nicht so besonders toll schwimmen.«

Emily stand auf. Sie zögerte kurz. Ein Ruck ging durch
ihren Körper, und sie ballte die Fäuste. »Jetzt!«, dachte sie und
sprang so, wie sie war, mit ihrem Kleid von der Mole ins Meer.
Als sie wieder auftauchte, empfing Vadanti sie bereits im
Schaukeln der Wellen. »Halte dich an mir fest.«

Emily ergriff die Rückenflosse, und Vadanti schoss mit ihr
davon. Sie stieß einen spitzen Schrei aus. Nachdem sie den
ersten Schreck mitsamt einem kräftigen Schwall Salzwasser
hinuntergeschluckt hatte, machte ihr der Ritt durch die Wellen
richtig Spaß. Ihre Aufgabe dabei hatte sie schnell verstanden.
Sie musste versuchen, sich den Wellen und Vadantis Bewegun-
gen so gut anzupassen, dass sie nicht ständig Wasser ins Gesicht bekam. Nachdem sie den Dreh heraushatte, war das ganz
einfach. Viel schwieriger war die zweite Aufgabe, die das Spiel,
das sie gerade spielte, für sie bereithielt: Sie musste versuchen,
Vadanti vollkommen zu vertrauen.

Als sie sich umdrehte, sah sie, dass sie schon ganz weit draußen auf dem Meer waren. Sie konnte die ganze Küstenlinie der
Insel übersehen – die Klippen, das Fischerdorf und den
Palmenhügel, hinter dem das Hotel lag. Beim Gedanken daran,
dass sie alleine nie und nimmer würde zurückschwimmen

können, befiel sie Panik. »Ich möchte wieder zurück, Vadanti!« Ihre Stimme zitterte.

»Warum – ist dir kalt, Emily?«

»Nein, aber die Insel ist schon so weit weg – und mir graut es vor der Tiefe unter mir.«

»Aber hier ist es doch noch gar nicht tief – höchstens hundert Meter.«

Emily zuckte zusammen. Vadanti lachte. Natürlich wusste er, dass er sie nicht gerade beruhigt hatte. »Emily, lass deinen Mut noch einmal los – und meine Finne!«, sagte er.

Finne? Ach richtig, die Rückenflosse. Nein! Niemals! Sie klammerte sich noch fester an Vadanti.

»Emily, erinnerst du dich daran, wie stark du dich eben gefühlt hast, als du deinen Mut in dir geweckt hast?«

Ja, das war unglaublich befreiend gewesen. Emily hatte sich in diesem Moment doppelt so lebendig wie zuvor gefühlt. Aber das war etwas anderes gewesen, denn da waren sie noch in der schützenden Bucht, und es gab keinen Abgrund unter ihr, in dem sich unheimliche Wesen tummelten.

»Es ist immer nur ein Sprung, der dich von deinem Mut trennt, Emily. Auch jetzt ist es nur ein einziger, kleiner Sprung.«

In ihrem Herzen spürte Emily, dass Vadanti Recht hatte. Ihre ängstlichen Gedanken waren natürlich nur Versuche, ihrem Mut Zügel anzulegen. Emily atmete tief aus – und ließ los …

»Bravo, Emily! Jetzt lass dich einfach treiben; ich schwimme unter dir.«

Emily versuchte, sich zu entspannen und tief zu atmen. Tatsächlich trieb sie ganz von selbst an der Wasseroberfläche. Sie genoss es, von den Wellen geschaukelt zu werden. Die Tiefe unter ihr verursachte ihr zwar immer noch ein Kitzeln in der Magengrube, doch die Angst hatte sie verlassen.

Dann aber erschrak Emily erneut. Irgendetwas Unheimliches war da in der Tiefe. Eine Bewegung, die sie nicht einordnen konnte, ein Etwas, das sie eher spürte als sah. Plötzlich durchbrach es die Wasseroberfläche und stieg in die Luft. Erleichtert erkannte Emily, dass es Vadanti war, der einen gewaltigen Sprung über sie machte. Sie lachte und schluckte dabei Wasser. Vadanti sprang noch ein paar Mal über sie hinweg.

»Ich wünschte, ich könnte so springen wie du!«, rief Emily.

»Aber das kannst du! Lass deine Beine nach unten hängen und mach dich steif ...«

Emily tat, was Vadanti gesagt hatte. Kurz darauf spürte sie seinen Kopf unter ihren Fußsohlen. Es gab einen starken Ruck, und Emily wurde weit aus dem Wasser katapultiert. Viel zu überrascht, um Angst zu haben, fiel sie ins Wasser zurück, wo Vadanti gleich wieder neben ihr war.

»Na, wie war das?«, fragte er.

»Wahnsinn! Noch mal!«

Emily und Vadanti tauchten, schwammen und übten Sprünge. Die Zeit rann wie Wasser durch ein Sieb. Am Ende konnte Emily schon eineinhalb Drehungen machen und dann kopfüber eintauchen, doch allmählich wurde ihr kalt. Vadanti spürte es und brachte sie wieder in die Bucht. Diesmal saß Emily auf Vadantis Rücken wie auf einem Pferd.

17

»Das ist der schönste Tag meines Lebens«, dachte Emily, als sie zum Hotel zurücklief. Nass bis auf die Haut, erschöpft und etwas wackelig auf den Beinen erreichte sie den Hotelgarten. Natürlich wartete ihre Mutter schon auf sie, obwohl Emily ihr gesagt hatte, dass sie wieder lange fortbleiben würde.

»Wohin gehst du nur immer, Kind?«, hatte ihre Mutter sie zuvor gefragt. Emily hatte nur mit den Schultern gezuckt und die Augen entnervt nach oben gerollt. »Mama, du musst nicht immer alles wissen. Aber eins kann ich dir versprechen: Du brauchst keine Angst zu haben – da wo ich hingehe, werde ich schon nicht schwanger.«

Eigentlich hatte Emily sich geschworen, ihr Geheimnis auf keinen Fall preiszugeben. Doch nun stand ihr ihre Mutter blass und mit tiefen Sorgenfalten auf der Stirn gegenüber. Offensichtlich hatte sie ihr letztes bisschen Humor längst verloren. Ohnmächtig wie ein kleines Kind, das jemand fern von zuhause im Regen hatte stehen lassen. Emily dachte an das, was sie von Vadanti gelernt hatte – dass das Leben ein unbeschwertes Spiel sein sollte. Und dass in jedem Spiel eine Aufgabe auf einen wartete, die nicht immer offensichtlich war.

»Ich glaube, meine Aufgabe ist jetzt, es Mama leichter zu machen, mutig zu sein. Vielleicht könnte ich ihr helfen, so wie Vadanti mir geholfen hat, meine Kraft zu finden«, dachte Emily und warf sich in die Arme ihrer Mutter.

»Hallo Mama! Ich hatte einen wundervollen Tag – und ich bin im Meer geschwommen!«

»Das sieht man«, presste ihre Mutter heraus. »Emily, mein Kind, bitte sei bloß vorsichtig. Das ist doch gefährlich.« Sie klang flehend und hatte Tränen in den Augen. »Und warum bist du in deinem Kleid geschwommen und nicht im Badeanzug – und warum nicht hier am Strand oder im Pool? Sag mir doch, wohin du nur immer verschwindest.«

»Mama, hab nicht dauernd Angst. Lass doch einmal deinen Mut frei!«

Ihre Mutter hörte auf zu weinen. Die Verblüffung über die seltsamen Worte Emilys standen ihr ins Gesicht geschrieben.

»Was meinst du denn bloß damit? Ist wirklich alles in Ordnung mit dir?« Die Stimme von Emilys Mutter klang eine Spur zu fürsorglich. So sprach man mit kleinen Kindern, Altersschwachen oder geistig Verwirrten.

»Keine Sorge, Mama, ich bin nicht verrückt!«, lachte Emily.

Beschämt darüber, dass ihre Gedanken durchschaut worden waren, blickte ihre Mutter zu Boden.

»Und nein, es ist auch nicht meine Krankheit«, fügte Emily leise hinzu.

»Deine Krankheit?« Emilys Mutter riss die Augen auf und schlug die Hand vor den Mund. Emily zog sie nur an sich und strich ihr über das Haar.

»O Gott, Emily. Ich glaube, ich muss dir etwas ganz Wichtiges sagen. Und ... aber du zitterst ja! Jetzt ziehen wir dir erst einmal etwas Trockenes an. Und dann essen wir was, und du erklärst mir, was du vorhin gemeint hast. ›Den Mut freilassen‹ hast du gesagt, nicht wahr?«

Emily nickte. Auf einmal stiegen ihr selbst Tränen in die Augen, denn zum ersten Mal verstand sie, welchen Schmerz ihre Mutter mit sich herumtragen musste. »Das Spiel des Lebens wird gerade sehr schwierig«, dachte sie. »Und meine

Aufgabe ... oder zumindest ein Teil davon ist es bestimmt, mich von Mama zu verabschieden.«

Emily zog sich um. Während sie mit ihrer Mutter Arm in Arm zum Essen ging, grübelte sie darüber nach, ob sie ihr einfach ganz direkt sagen sollte, dass sie schon die ganze Zeit Bescheid wusste; dass sie nur zu genau wusste, warum sie hier gemeinsam auf der Insel waren. Und sie dachte darüber nach, ob sie etwas von der Bucht und Vadanti erzählen oder lieber schweigen sollte. Vor allem aber zerbrach Emily sich den Kopf darüber, wie sie sich von ihrer Mutter so verabschieden könnte, dass es beiden möglichst wenig wehtun würde.

18

Der letzte Löffel Mangocreme war gerade in Emilys Mund verschwunden. Wie hatte ihr Nachtisch eigentlich geschmeckt? Gut. Frisch. Viel genauer konnte sie es nicht sagen. Erst jetzt hatte Emily bemerkt, dass ihre sorgenvollen Gedanken sie wieder einmal der Gegenwart entrissen und ihr Grübelfalten in die Stirn gegraben hatten.

Emily atmete tief durch und rief ihre Gedanken und Gefühle ins Jetzt zurück, wie sie es von Vadanti gelernt hatte. »Das Leben ist ein Spiel«, dachte sie. Sie entspannte sich und ihre Sorgen lösten sich dabei langsam auf, wie die fruchtig-zarte Creme auf ihrer Zunge.

Emily wollte nicht mehr denken. Sie würde einfach tun, was zu tun war – von Augenblick zu Augenblick. Ihre Stirn glättete sich, sie lächelte, und ihre Augen leuchteten. Ihrer Mutter, die immer noch in ihrem Dessert herumstocherte, fiel die Veränderung sofort auf. Emily sah, wie die Sorgen auch aus ihrem Gesicht verschwanden und sich ein Lächeln auf ihre Lippen stahl. Fast wie ein Blick in den Spiegel, dachte sie. Es hatte einmal eine Zeit gegeben, in der ihre Mutter voller Lebensfreude gewesen war – jetzt konnte Emily sich wieder daran erinnern.

»Was geht dir durch den Kopf?«, fragte ihre Mutter.

Emily öffnete die Arme, als wollte sie den ganzen Speisesaal umarmen. »Ach – alles Mögliche! Es ist so schön, mit dir hier zu sein. Es ist so schön, ganz und gar hier zu sein und alle Sorgen loszulassen.« Emilys Blick blieb auf dem Dessertschälchen ihrer Mutter haften. »Und weißt du was, Mama: Es ist auch schön, jeden einzelnen Bissen seines Desserts zu schmecken und zu genießen. Dann macht es auch nichts, wenn nur noch ein paar Löffel übrig sind ...«

19

Am nächsten Tag waren Wolken aufgezogen. Emily war erleichtert. Die Sonne strengte sie zunehmend an. Nach einem schnellen Anstandsfrühstück war sie wieder auf dem Weg in die Bucht.

Am Abend zuvor hatte sie sich noch lange mit ihrer Mutter unterhalten. Sie hatten nebeneinander im Bett gelegen und sich aneinandergekuschelt. Es waren keine ernsten Gespräche gewesen. Oberflächliche Plaudereien, begleitet vom Zirpen der Grillen im Garten. Sie hatten weder über Krankheit und Tod noch über die Bucht gesprochen, und das war gut so. Kurz vor dem Einschlafen hatte Emily ihrer Mutter noch müde zugeflüstert: »Morgen Abend verrate ich dir mein großes Geheimnis.« Sie hatte sich beschützt und geborgen gefühlt.

Heute wusste Emily nicht, wie sie sich fühlen sollte. Einerseits war sie glücklich. Andererseits verloren. Das Leben war ein Spiel, sicher. Und wer es gut zu spielen wusste, hatte auch Freude daran – das hatte sie verstanden. Und doch: War dieses Spiel nicht völlig sinnlos? So unbedeutend wie irgendeines jener Spiele, die sie als Kind mit ihren Puppen gespielt hatte? Bestand der einzige Unterschied nicht darin, dass diesmal sie die Puppe und das Universum der Puppenspieler war?

Sie versuchte diese Gedanken beiseitezuschieben und sich wieder auf die Gegenwart zu konzentrieren, doch es fiel ihr schwer. Immer stärker drängten sich die Symptome ihrer Krankheit in ihr Leben. Nicht genug damit, dass dieses gierige Ding in ihrem Kopf die Außenwelt Stück für Stück verschlang, es mischte sich auch zunehmend in Emilys Gefühle ein.

Mit viel Mühe erreichte sie endlich die Mole. Vadanti wartete schon auf sie. Diesmal brauchte Emily keine Einladung. Sie zögerte nur ein wenig und sah sich kurz um – weit und breit war da niemand, der sie sehen konnte. Natürlich nicht. Sie streifte sich das Kleid vom Körper und sprang.

Das Wasser war angenehm kühl auf der nackten Haut, und das Schwimmen mit Vadanti war erfrischend und zugleich beruhigend. Heute blieb Vadanti mit ihr im seichten Wasser der Bucht. Dabei hatte Emily sich darauf gefreut, weit ins offene Meer zu schwimmen.

»Was ist denn los, Vadanti? Schwimmen wir heute gar nicht raus?«, fragte sie.

»Was los ist, wollte ich dich gerade fragen, Emily. Ich spüre, dass etwas nicht stimmt. Aber ich kann deine Gedanken nicht lesen – sie liegen zu tief.«

»Dabei dachte ich, dass Delfine Experten im Tauchen sind«, lachte Emily, die kurz darauf selbst unter Wasser tauchte.

Als ihr Kopf wieder an der Oberfläche erschien, sagte Vadanti: »Wie mir scheint, bist auch du inzwischen eine hervorragende Taucherin geworden. Warum sagst du mir also nicht gleich selbst, was dir auf dem Herzen liegt?«

20

Emily kraulte zur Mole zurück. Sie kletterte auf einen Felsen, auf den die Sonne schien. Während die Sonnenstrahlen ihren Rücken wärmten, ließ sie die Beine ins Wasser hängen und paddelte mit den Füßen.

»Ich weiß auch nicht, was los ist. Eigentlich sollte es mir ja gut gehen. In den letzten Tagen hast du mir so wunderschöne Dinge beigebracht. Du hast mir gezeigt, wie ich meine Angst loslassen und ganz in das Jetzt eintauchen kann. Und dass das Leben ein Spiel ist.« Emily seufzte.

»Das klingt ja nicht sehr enthusiastisch. Eher so, als ob jetzt ein großes ›Aber‹ folgt.«

Emily dachte darüber nach. Vadanti hatte Recht. Sie hatte neue Einblicke gewonnen und Vieles verstanden, worüber sie sonst niemals nachgedacht hätte. Aber ... die Gedanken, die ihr auf dem Weg hierher gekommen waren, schlichen sich wieder in ihren Kopf. »Ja, alles ist ein Spiel. Aber ist das nicht auch sinnlos? Vielleicht spiele ich das Spiel noch nicht richtig – gut möglich. Und vielleicht muss ja auch nicht alles einen Sinn haben.«

»Sinnlos? Nun, was könnte denn der Sinn sein?«, fragte Vadanti.

»Na, irgendetwas Wichtiges. Also zum Beispiel ist es doch völlig sinnlos, dass ich sterben muss. Ich habe zwar keine große Angst mehr davor – aber ich verstehe trotzdem nicht, wozu das gut sein soll. Schon gar nicht jetzt, wo ich dich kennengelernt habe.«

»Wenn du nicht sterben würdest, wärst du nicht hier«, sagte Vadanti.

Emily stutzte. So hatte sie das noch nie gesehen. Und es stimmte – selbst wenn sie irgendwann einmal hundert Jahre alt geworden wäre: Vadanti hätte sie dann nie kennengelernt. Ob selbst ein noch so langes Leben die Begegnung mit ihm aufwiegen konnte?

»Emily – wenn du wüsstest, dass dein Leben und Sterben einen Sinn hat und dass nichts zufällig geschieht, was würde das verändern?«, fragte Vadanti.

»Ich weiß nicht genau. Bestimmt würde ich mich wohler fühlen. Ich wüsste, dass alles gut ist. Wahrscheinlich würde es mir auch leichterfallen loszulassen, wenn es so weit ist ...«

»Dann solltest du nach dem Sinn suchen.«

»Ist das jetzt nicht ein bisschen zu spät?«

»Finde es selbst heraus, Emily.« Vadanti sprühte eine salzige Fontäne in die Luft – kleine bunte Perlen, die in der Sonne glitzerten, bevor sie im Meer landeten. »Im Gegensatz zu Wasser fällt Sinn nicht vom Himmel. Sinn entsteht nur, wenn du nach ihm suchst. Und wann du damit beginnst, spielt dabei überhaupt keine Rolle.«

Emily dachte nach. War das nicht wie ein dummes Hündchen, das seinem eigenen Schwanz nachjagte? Wie konnte es sein, dass alles sinnlos war, aber dadurch, dass man nach Sinn suchte, plötzlich Sinn entstand? Andererseits ... je mehr sie dem nachspürte, desto mehr fand sie, dass Vadanti richtiglag. Den Sinn des Lebens konnte man sich nicht wie eine Urkunde an die Wand heften: »Hiermit wird staatlich bescheinigt, dass Emily den Sinn des Lebens gefunden hat« – das wäre absurd. War es also nicht einzig die Suche nach dem Sinn, die den Sinn überhaupt erst möglich machte?

»Genau, Emily!« Vadanti hatte ihre Überlegungen mitverfolgt. »Und weißt du, was du brauchst, um deinen Sinn zu finden?«

»Eine gute Idee?«

»Noch weniger: Vertrauen und Mut.«

»Wieso gerade Mut?«, fragte Emily.

Vadanti sah ihr in die Augen. »Um Sinn zu finden, musst du deinem Weg vertrauen. Du musst darauf vertrauen, dass dieser Weg dich zu deinem Ziel führen wird, und dabei darfst du nicht nach all den anderen Möglichkeiten schielen, die dich von deinem Kurs abbringen würden. Suche nach einem Weg – nach *deinem* Weg. Und dann gehe ihn.«

21

Emilys Gedanken fuhren Karussell. Wohin sie auch schaute – überall entdeckte sie plötzlich neue Wege, die ihr Leben, so kurz es auch sein mochte, mit Sinn füllen könnten. Die Bedeutung von Vadantis Worten stand jetzt klar vor ihren Augen: Welchen Weg sie auch immer wählen würde – wichtig war nur, ihn ganz und gar zu gehen. Mit ganzem Herzen. Das aber hieß, sich von der Unendlichkeit der Möglichkeiten zu verabschieden. Und ja – das erforderte wirklich Mut!

Leise fragte Vadanti: »Welchen Sinn hat es, dass die Sonne scheint? Dass die Wellen den Ozean bewegen? Welchen Sinn haben Blumen und Wolken?«

Emily schwieg. Was für merkwürdige Dinge Vadanti immer fragte! Sie war ratlos. »Das weiß ich auch nicht. Vielleicht gar keinen. Oder vielleicht liegt ihr Sinn einfach darin, schön zu sein.«

»Ob die Wolken, die Blumen und das Meer wohl wissen, dass sie schön sind?« Vadanti klang amüsiert.

»Schon gut – du hast natürlich Recht. Den Blumen ist es bestimmt ziemlich egal, ob sie uns gefallen oder nicht. Vielleicht sind sie nur deshalb so schön, weil sie ganz sie selbst sind.«

Emily hielt die Luft an. Sie hatte soeben etwas Wichtiges entdeckt. Als wollte er, dass sie das nicht vergäße, wiederholte

Vadanti: »Die Blumen sind schön und von Sinn erfüllt, weil sie einfach nur sie selbst sind.«

Emily konnte es nicht glauben. War es tatsächlich so einfach, den Sinn des Lebens zu finden? Musste man dazu nur man selbst sein?

Obwohl Emily ihre Fragen nicht aussprach, antwortete Vadanti: »Sei du selbst, Emily. Der Sinn kommt dann ganz von alleine – als Geschenk, als Überraschung. Nimm dich so an, wie du bist: Umarme deine Kraft und deine Einzigartigkeit, die dich zu Emily macht. Aber umarme genauso auch deine Fehler, deine Angst vor dem Sterben, deine Wut auf deine Mutter und deine Verletzlichkeit, denn auch sie machen dich zu der Emily, die du bist.«

22

Emily hatte die Füße aus dem Wasser genommen und die Beine aufgestellt. Wie sie da auf ihrem Felsen saß – klein, mager und ziemlich durcheinander – tat sie Vadanti leid, und er spürte, dass es Zeit wurde, ihr ein weiteres Geheimnis zu verraten.

»Was ist der Unterschied zwischen Delfinen und Menschen, Emily?«

Nach Rätselraten war Emily im Augenblick nicht zumute. Lustlos antwortete sie: »Dass Menschen keine Flossen haben?«

»Fast richtig!« Vadanti grinste. »Aber die bessere Antwort lautet, dass Menschen zu wenig Vertrauen haben. Sie vertrauen sich selbst zu wenig und haben auch zu wenig Vertrauen in das Universum. Jedenfalls gilt das für die meisten – und leider auch für dich, Emily.«

Emily schob trotzig die Unterlippe nach vorne und verschränkte die Arme vor der Brust.

»Du musst nicht gleich schmollen«, rief Vadanti. »Vertrauen ist nichts, was man hat oder nicht hat. Vertrauen findest du, wenn du übst zu vertrauen.«

»Und wie soll das bitteschön gehen?«, fragte Emily.

»Es ist wie bei allem, das man üben kann. Zuerst musst du wissen, was du willst – und dann musst du es einfach immer wieder versuchen. Du darfst nicht zu früh aufgeben. Das Geheimnis liegt in der Wiederholung – ganz egal, ob du schwimmen und tauchen oder loslassen und vertrauen lernen willst.«

»Aber viel Zeit zum Üben bleibt mir nicht mehr gerade«, sagte Emily.

»Da könntest du Recht haben. Und deshalb fängst du am besten gleich damit an, denn wenn du dir und der Güte des Universum vertraust, werden sich all deine Wünsche erfüllen.«

Emily zog die Augenbrauen nach oben: »Wirklich?« Sie konnte das nicht glauben. Es klang zu fantastisch.

»Ja. Die Wünsche, die in der Tiefe deines Herzens leben, erfüllen sich in dem Moment, wo du vollkommenes Vertrauen zum Universum entwickelst.«

Das klang unglaublich. Emily stand auf und sagte: »Dann beginne ich mit etwas Einfachem: Ich wünsche mir, dass wir jetzt zusammen schwimmen.« Sie warf die Arme nach oben und hechtete ins Meer.

»Gut, dann beginne ich auch mit etwas Einfachem. Bevor du dir selbst oder dem Universum vertraust, könntest du versuchen, mir zu vertrauen. Was glaubst du – schaffst du das?«, fragte Vadanti.

»Ja, natürlich!«

»Dann hol tief Luft, denn heute werden wir unter Wasser schwimmen.«

»Aber ich muss doch atmen!«, sagte Emily.

»Ich auch. Vertrau mir, ich weiß, wann du Luft brauchst. Vertraue mir und dir und dem Universum.«

Emily verbannte ihre Zweifel aus ihrem Kopf. Sie ließ sich im Wasser treiben und atmete ein paar Mal durch. Dann ergriff sie Vadantis Finne und eine Seitenflosse. Sie atmete tief ein und ließ sich mit ihm unter die Wasseroberfläche sinken. Das Salzwasser brannte nur kurz in ihren Augen. Sanft beschleunigte Vadanti auf den Meeresboden zu. Emily staunte, wie weit sie unter Wasser sehen konnte. In der Tiefe begannen ihre Ohren zu schmerzen. »Halte deine Nase zu und versuche

gleichzeitig, ein- oder zweimal kräftig Luft durch sie auszu-
stoßen«, sagte Vadanti.

Sofort verschwanden die Schmerzen. Mühelos flog Emily
mit Vadanti durch das unendliche Blau. Sie wunderte sich darüber, wie lange sie tauchen konnte, ohne zu atmen. Als ihr die
Luft doch allmählich ausging, war Vadanti schon auf dem Weg
an die Oberfläche. Emily atmete tief durch. Ein kräftiger Wind
blies ihr ins Gesicht. Wie viel stiller es doch unter Wasser war,
dachte sie. Als sie so weit war, gab Emily Vadanti ein Zeichen,
und erneut tauchte er mit ihr in die Unterwasserwelt.

23

Auf zwei Beinen zu stehen fühlte sich plötzlich merkwürdig fremd an. Wieder an Land kam es Emily so vor, als hätte sie ihr ganzes Leben unter Wasser verbracht. Vadanti war schon wieder weit hinausgeschwommen und übte seine Sprünge. Emily sah ihm noch lange nach. Sie erinnerte sich daran, worüber er mit ihr gesprochen hatte. Darüber, dass die Wolken von Sinn erfüllt sind, weil sie einfach nur sie selbst sind, und wie wichtig es ist, ganz man selbst zu sein und zu vertrauen. Und dass man Vertrauen üben kann, so ähnlich wie Schwimmen oder Tauchen.

Zwar verstand Emily das nicht alles, aber der Ausflug unter den Wellen hatte ihr gezeigt, dass Vertrauen wirklich eine Frage der Übung war. Und als Vadanti verschwunden war, wusste Emily, welches ihre nächste Übung sein würde. Ganz ich selbst sein, dachte sie, das heißt auch, dass ich endlich mit Mama reden sollte.

24

»Mama, ich weiß, dass ich bald sterben werde und dass wir deswegen hier sind.«

Emilys Mutter saß in einem Korbstuhl im Schatten der Palmen. Sie ließ ihr Buch in den Schoß fallen, als wäre es aus Blei. Es fehlte ihr die Worte, um auszudrücken, was sie fühlte. Ihr Bauch krampfte sich zusammen, und das fühlte sich gleichzeitig schrecklich und gut an. Sie fragte nicht, woher Emily es wusste oder wie lange schon. Das war jetzt alles unwichtig. Sie war verwirrt. Ihr Herz war von zwei widerstreitenden Gefühlen erfüllt: Auf der einen Seite die endlos tiefe Trauer und die Angst vor Emilys drohendem Tod. Auf der anderen nichts als Erleichterung über das Ende der Heimlichkeiten und der Maskerade, über die wiedergefundene Nähe und das Vertrauen.

Es wurde ein Abend voller Tränen. Tränen der Wut, der Angst, Tränen des verlorenen Vertrauens und der übermächtigen Verzweiflung. Schließlich waren es die zärtlichen Umarmungen und die aufrichtigen Worte, die die Heilung brachten und die Tränen versiegen ließen. Schließlich war es die Kraft der Liebe, die den Schmerz des nahen Abschieds linderte und Mutter und Tochter enger zusammenschmiedete als je zuvor.

Erschöpft, aber erleichtert schliefen die beiden in Emilys Zimmer ein, die Arme fest umeinandergeschlungen, so, als könnten sie das verrinnende Leben festhalten.

Emilys letzter Gedanke vor dem Einschlafen war, dass sie ihrer Mutter noch gar nicht von Vadanti erzählt hatte. »Morgen ...«, dachte sie. Und dann tauchte sie tief in das Reich ihrer Träume ein, so tief, wie sie mit Vadanti in das Reich unter den Wellen eingetaucht war.

2 5

Als Emily morgens die Augen aufschlug, erkannte sie nicht mehr, wo sie war. Alles sah verzerrt aus. Graue und schwarze Flecken ließen fast nichts von dem sonnigen Morgen übrig. Und dort, wo Emily doch noch vereinzelt Farben ausmachen konnte, hatten diese ihre Plätze vertauscht. Ihr wurde schwindelig. Sie schluckte hart. War das das Ende? Als sie die Augen wieder schloss, wurde es ein bisschen besser.

Ob es ihr heute gelingen würde, aus eigener Kraft zu Vadanti zu gehen? Zwar konnte sie ihre Mutter bitten, ihr zu helfen, aber das wollte sie nicht – noch nicht ... Wie eine Horde reißender Wölfe fielen die Gedanken an den Tod über sie her. Es gab keinen Zweifel mehr – das Ende ihrer Zeit war gekommen.

Emily versuchte sich zu entspannen, versuchte sich auf ihren Körper zu konzentrieren. Solange sie ruhig auf dem Rücken liegen blieb, konnte wahrscheinlich nicht allzu viel schiefgehen, dachte sie. Emily war aufgeregt. Die Erkenntnis, dass sie sich nicht mehr auf ihre Sinne verlassen konnte, verursachte ihr ein unangenehmes Ziehen im Bauch. Doch Angst hatte sie nicht. Selbst jetzt, da der Boden ihrer Welt zu schwanken begann, gelang es ihr, Ruhe zu bewahren. Nicht umsonst war sie mit Vadanti bis an den Grund des Meeres getaucht und hatte ihren Mut freigelassen. Es würde mehr als ein paar dunkle Flecken und aus den Fugen geratene Farben brauchen, um ihr Angst einzujagen ...

Vadanti! Sie musste ihren geliebten Freund sehen. Emily kämpfte gegen den Schwindel an – bis sie sich erinnerte, dass Kämpfen nur Leid mit sich bringt. Konnte sie nicht auch diese neue Welt, die ihre Krankheit geschaffen hatte, als ein Spiel ansehen?

Sie öffnete die Augen und richtete sich auf. Da sie nicht sehen konnte, ob ihre Mutter noch neben ihr lag, tastete sie vorsichtig nach ihr. Ja, da schlief sie. Leise, um sie nicht zu wecken, schwang Emily die Beine über die Bettkante und stand auf. Nach ein paar zittrigen Augenblicken war der Schwindel vergangen. Die Welt kehrte zu ihrer gewohnten Form zurück – jedenfalls beinahe. Jetzt sah sie auch ihre Mutter im Bett liegen. Sie lächelte im Schlaf und sah glücklich aus.

Emily glitt in ihre Kleider, huschte zum Schreibtisch und riss ein Stück Papier aus dem Briefblock. Als sie das Blatt gegen das Tageslicht hielt, musste sie lächeln: Das Wasserzeichen des Hotelpapiers zeigte zwei Delfine, die über eine Welle sprangen.

Bevor sie in den Frühstücksraum ging, eine Kleinigkeit aß und sich auf den Weg zur Bucht machte, steckte sie ihrer Mutter den Brief an den Spiegel:

Liebste Mama,
du hast so friedlich geschlafen, da wollte ich dich nicht wecken. Ich mache mich auf den Weg zu meinem großen Geheimnis. Ich verrate dir später alles – versprochen!
Bis heute Abend. Ich freue mich auf dich.
Kuss, Emily

Heute schien ihr der Weg endlos lang. Sie setzte vorsichtig einen Schritt vor den anderen. Manchmal ging sie wie in Zeitlupe. Manchmal fiel es ihr sogar leichter, einige Schritte mit geschlossenen Augen zu gehen.

An den Klippen angelangt fragte sie sich, ob sie es wohl

heute überhaupt schaffen würde, nach unten zu klettern. Die Felsen bewegten sich wie wogende Steinmassen. Emily wusste, dass sie sich heute nicht auf ihre Augen würde verlassen können. Da ihre anderen Sinne schärfer als sonst waren, entschied sie sich dazu, die Augen zu schließen und ganz auf ihr Gehör und ihren Tastsinn zu vertrauen.

Behutsam kletterte sie den bekannten Weg hinab. Sie staunte darüber, wie geschmeidig sie sich mit geschlossenen Augen bewegen konnte. Sie war in letzter Zeit so dünn geworden und fühlte sich meist den ganzen Tag über schwach. Doch wie es schien, hatte sie immer noch mehr Kraft als sie dachte. Solange sie nur langsam genug nach unten stieg, fühlte sie sich vollkommen sicher. Ihre Füße und Hände »sahen«, ob ein Stand oder Griff im Felsen sicher war oder nicht. Erst als sie den Sand unter ihren Füßen spürte, öffnete sie wieder die Augen.

26

Schon bevor sie Vadanti sah oder hörte, spürte Emily seine beruhigende Präsenz. Eine sanfte Stimme erklang in ihrem Kopf.

»Emily – hast du dir schon überlegt, was dein Wunsch an das Universum ist?«

Hoppla, darüber hatte sie ja noch gar nicht nachgedacht ... Natürlich gab es da einen Wunsch, der besonders naheliegend war. »Komisch, eigentlich müsste ich mir doch wünschen, wieder ganz gesund zu werden«, sagte Emily.

»Aber du glaubst nicht, dass dir das Universum diesen Wunsch erfüllen kann?«

»Nein, das ist es nicht. Ich vertraue dir, und ich glaube auch an die Kraft des Universums. Aber irgendetwas an dem Wunsch kommt mir nicht richtig vor. Es fühlt sich nicht ... rund an – ich weiß auch nicht, wie ich es beschreiben soll.«

»Könnte es sein, dass dein Wunsch nicht im Einklang mit dem Universum ist?«, fragte Vadanti.

Emily bemühte sich, das zu verstehen: *Im Einklang mit dem Universum?* Wie konnte ihr kleiner Wunsch mit dem unendlichen Universum harmonieren? »Ich glaube, das ist mir zu hoch.«

Vadanti legte den Kopf schief und sah sie lange an. »Vielleicht ist dein Wunsch nur nicht wichtig genug?«

Emily glaubte, sich verhört zu haben. Wenn ihr Wunsch, am

Leben zu bleiben, nicht wichtig genug wäre, was dann? Doch möglicherweise hatte Vadanti es auch ganz anders gemeint. Was war sie schon anderes als ein kurzes Aufglühen inmitten von Milliarden Menschenleben! War sie nicht viel zu unbedeutend, als dass das Universum Zeit hätte, sich um ihre Wünsche zu kümmern?

Mit einem unerwarteten Sprung schoss Vadanti aus dem Wasser. Laut lachend drehte er sich um die eigene Achse, bevor er laut ins Wasser platschte.

»Was ist denn daran so furchtbar lustig?« Emily war jetzt endgültig beleidigt.

»Ach Emily, denkst du allen Ernstes, dass du für das Universum unwichtig bist?«

»Natürlich meine ich das ernst. Das Universum ist unendlich groß, und ich bin nur irgendein Mädchen. Das einzig Besondere an mir ist, dass ich krank bin, und das dürfte dem Universum ziemlich egal sein.« Emily wimmerte mehr, als dass sie sprach.

»Ich glaube, es wird Zeit, dir noch etwas zu verraten: Du bist viel wichtiger als du glaubst – ohne dich gäbe es dieses Universum nämlich gar nicht«, sagte Vadanti.

»Was?« Langsam bekam Emily den Verdacht, dass Vadanti vielleicht doch verrückt war. »Du erwartest doch wohl nicht, dass ich dir das abnehme, oder?«

»Doch Emily, es stimmt. Alles was je geschehen ist, hat dich hierher geführt«, entgegnete Vadanti ernst.

Emily schüttelte entschlossen den Kopf. »Nein, das kann nicht sein. Das glaube ich dir einfach nicht!«

»Dann überlege doch einmal: Wie kommt es, dass du hier bist?«

»Reiner Zufall. Oder, na ja, weil ich krank geworden bin. Und weil meine Mutter beschlossen hat, dass ich wenigstens in einer schönen Umgebung sterben soll, wenn schon alles andere so hoffnungslos ist.« Emily dachte nach. Sie zögerte lange, dann fügte sie hinzu: »Also gut, vielleicht ist nicht alles Zufall. Aber du hast gesagt, dass *alles*, was je geschehen ist, mich hierher geführt hätte. Das stimmt ja noch weniger!«

»Damit du überhaupt krank werden konntest, musste schon zuvor unendlich viel geschehen ...«

Emily war verwirrt. »Was denn?«

»Zum Beispiel musstest du geboren werden.«

»Ja, klar, das stimmt natürlich.« Emily lachte.

»Und damit du auf die Welt kommen konntest, musste deine Mutter ja erst einmal deinen Vater kennenlernen. Und damit das geschehen konnte, mussten die beiden auch erst geboren werden«, sagte Vadanti.

So hatte Emily das noch nie gesehen. Und ihre Eltern hatten wiederum Eltern, die auch geboren werden und sich kennenlernen mussten. Und das ging immer so weiter ... bis in die Steinzeit und noch weiter zurück ...

»Das ist aber nur ein winziger Teil des großen Spiels, in dem alles mit allem verbunden ist«, fuhr Vadanti fort. »Was auch immer geschieht, wirkt sich immer auf das Ganze aus. Schon der Flügelschlag eines Schmetterlings kann einen Sturm auslösen. Und du bist nicht mit einem Schmetterling, sondern mit einem Flugzeug gekommen.«

»Das dazu erst einmal erfunden werden musste?«, riet Emily.

»Genau. Vor zweihundert Jahren hättest du nicht auf diese Insel fliegen können. Auch musste der Pilot des Flugzeugs erst einmal fliegen lernen, und das konnte er nur, weil seine Lehrerin ihm in der Schule das Lesen beigebracht hatte. Sogar jede einzelne Schraube des Flugzeugs hat ihre Geschichte: Millionen von Jahren war das Metall in der Erde, irgendwann fanden Menschen heraus, wie man es zutage fördern konnte. Und bis jemand auf die Idee kam, Metallschrauben zu machen ...«

»Vadanti, das ist ja unglaublich. Wenn auch nur irgendeine Kleinigkeit vor tausend Jahren anders gewesen wäre, wäre ich nicht hier?« Emily wurde bei dieser Vorstellung ganz benommen.

»Ja, dann wäre das Universum nicht dasselbe. Und das ist das große Geheimnis: Wenn alles mit allem zusammenhängt, ist alles eins.«

»Dann bin ich du?«, rutschte es Emily heraus.

»Ja. Wenn du tief genug schauen kannst, Emily, wenn du statt mit dem Kopf mit deiner Seele verstehen kannst, dann wirst du genau das erkennen. Du bist ich, ebenso wie ich du oder wir das Universum sind. Siehst du nun, warum ich lachen musste, als du gesagt hast, du seist unwichtig?«

Emily stand mit offenem Mund da. »Wow!« Das war alles, was sie in diesem Moment herausbrachte.

27

»Komm!«, rief Vadanti.

Emily sprang ins Wasser. Sie schwammen weiter und tauchten tiefer als zuvor. Die Weite des Ozeans war Emily schon lange nicht mehr unheimlich – im Gegenteil: Im Wasser fühlte sie sich wie zuhause. Wenn sie die Augen schloss und mit Vadanti durch die Wellen glitt, stellte sie sich vor, wie es wäre, selbst ein Delfin zu sein. In diesen Augenblicken vergaß sie ihre Krankheit.

Als sie schließlich in die Bucht zurückkehrten, ließ Emily sich im seichten Wasser treiben. Sie war glücklich. Vadanti zog seine Kreise und tauchte immer wieder unter ihr durch. Möwen flogen unendlich hoch und drehten ihre Pirouetten in den Lüften. Emily hatte verstanden – nicht mit dem Kopf, sondern mit ihrem Herzen. Als sie vorhin mit Vadanti unter Wasser getaucht war, hatte sie gefühlt, dass das Leben tatsächlich ein Spiel ist und dass sie ein lebendiger Teil des ebenso lebendigen Universums war. Sie musste jetzt nicht mehr daran glauben, was Vadanti zu ihr gesagt hatte. Sie spürte, dass alles eins und miteinander verbunden ist. Im Sein war alles so viel einfacher als im Denken.

Vadanti rief Emily sanft ins Jetzt zurück: »Nun, Emily, weißt du inzwischen, was du dir vom Universum wünschst?«

Emily überlegte. Seit sie von ihrer Krankheit wusste, hatte sie sich wie eine Bettlerin gefühlt. Sie hatte Gott um ihr Leben angebettelt, hatte für mehr Verständnis und Hilfe von außen gebettelt. Durch Vadanti war sie reich geworden. Die Zeit des Bettelns war vorbei. Sie hatte entdeckt, dass ihre Krankheit ihr Vieles rauben konnte, doch nie die Kraft, die sie in ihrem Herzen trug. Vielleicht würde sie ihr Augenlicht verlieren, aber niemals den klaren Blick auf das Wesentliche. Vielleicht würde ihr Körper aus dem Gleichgewicht geraten, doch ihr inneres Gleichgewicht würde davon unberührt bleiben. Emily musste an ihre Mutter denken. Daran, wie sie mit dem Verlust von Papa hatte leben müssen und wie sie ihr Leben lang gekämpft hatte – nicht nur für sich, sondern auch für ihre kleine Tochter. Sie dachte daran, welche Angst sie vor dem haben musste, was bald passieren würde. Und an die lange Zeit danach. Mit dem Tod des anderen weiterzuleben, das musste hundertmal schwerer sein als zu sterben!

»Ja – ich wünsche mir, dass Mama glücklich ist«, antwortete Emily. Ihr Wunsch an das Universum war so klar und einfach. Am liebsten hätte sie ihn sofort als SMS abgeschickt. Aber wer weiß – vielleicht hatte sie das ja gerade getan.

Auf dem Rückweg zum Hotel spürte Emily die Einheit mit dem Universum bei jedem einzelnen Schritt. Ihre Welt war groß und weit geworden und unendlich schön. Sicher – ihre Krankheit war nicht verschwunden. Im Gegenteil, die Symptome wurden immer deutlicher. Es fiel ihr schwer, die Umrisse ihrer Umgebung zu erkennen und auf dem Weg zu bleiben. Oft wurde ihr schwindelig. Zwei- oder dreimal stolperte sie und fiel. Doch das Lächeln verließ sie nicht mehr. Ihre fast blinden Augen strahlten, als seien sie von einem geheimnisvollen inneren Licht erfüllt.

28

Wie schon die Tage zuvor hatte Emilys Mutter auch den heutigen Tag wieder in einem dichten Nebel aus Sorgen verbracht. Seit sie auf der Insel waren, war ihr Kind, ihre Emily, ständig in ihren Gedanken. Ihre kleine Tochter würde sterben. Als Krankenschwester hatte sie schon viele Menschen sterben sehen, und es waren auch Kinder darunter gewesen. Sie wusste nur zu gut, was der Tod bedeutete. Und doch – auf Emilys Tod hatte all das sie nicht vorbereiten können.

Als sie auf die Insel kamen, hatte sie gehofft, Emily die ganze Zeit um sich haben und jede wertvolle Minute mit ihr auskosten zu können. Es fiel ihr schwer, sie jeden Tag alleine losziehen zu lassen, ja, wusste sie doch noch nicht einmal, wohin sie ging.

Anfangs hatte sie Emily tun lassen, was sie wollte, weil sie ein schlechtes Gewissen hatte. Sie schämte sich, dass sie es nicht über sich gebracht hatte, ihrer Tochter die Wahrheit zu sagen. Eine Weile hatte sie sich vorgemacht, dass es nur zu Emilys Bestem wäre, wenn sie nicht Bescheid wüsste – doch tief in ihrem Herzen hatte sie gewusst, dass sie sich damit selbst belog.

Im Laufe der Zeit war dann etwas geschehen, das sie nicht in Worte fassen konnte. Abgesehen davon, dass Emilys Krankheit anscheinend unbarmherzig fortschritt, hatte sich ihre Tochter auch noch in einer Weise verändert, die nichts mit ihrer Krankheit zu tun haben konnte. Hing das mit ihren geheimnisvollen Ausflügen zusammen? Was hatte die Notiz am Spiegel zu bedeuten gehabt, in der von ihrem »großen Geheimnis« die Rede gewesen war? Kurz hatte Emilys Mutter mit dem Gedanken gespielt, ihrer Tochter heimlich zu folgen. Doch die Erinnerung an die Folgen ihres ersten Vertrauensbruchs hielten sie davon ab. Emily würde ihr bestimmt alles erzählen – heute, hatte sie gesagt.

Heute ist der erste Tag, an dem ich nicht geweint habe, dachte Emilys Mutter. Sie spürte, dass Emilys Veränderung auch auf sie übergegriffen hatte. Anfangs hatte sie daran gedacht, diese Insel nicht mehr zu verlassen und Emily in das dunkle Land zu folgen. Jetzt aber war sie sich nicht mehr so sicher. Von Emily ging eine Kraft aus, die auch ihre Seele stärker werden ließ. Was konnte es nur sein, was Emily erfahren hatte? Wer oder was hatte es geschafft, ein trotziges, todkrankes Mädchen in ein heiteres, liebevolles Wesen zu verwandeln?

Mit einem Schlag wurde Emilys Mutter aus ihren Gedanken gerissen. In der Ferne sah sie ihre Tochter, die auf dem Weg zum Hotel war. Aber was war mit ihr? Emily stolperte immer wieder, stand unsicher auf und taumelte. Offensichtlich hatte ihre Krankheit sich verschlimmert. Sofort rannte sie los, ihrer Tochter entgegen. O Gott, vielleicht hätte ich sie nicht alleine losziehen lassen sollen, dachte sie. Und nun weinte sie doch.

29

Emily konzentrierte sich darauf zu gehen, ohne zu fallen. Sie bemerkte ihre Mutter erst, als sie fast schon vor ihr stand. Emily ließ sich kraftlos in die Arme ihrer Mutter fallen.

»Mama, du musst nicht weinen – mir geht es sehr gut, wirklich.« Dann musste sie plötzlich lachen. »Ich weiß, es sieht bestimmt nicht gerade danach aus, so wie ich hier durch die Gegend stolpere und in deinen Armen hänge. Aber das ist nur das Äußere.«

Emilys Mutter sah ihr in die Augen und glaubte ihr. Emily strahlte.

Heute würde Emily ihrer Mutter von Vadanti erzählen. Sie wusste nur noch nicht, ob sie die richtigen Worte finden würde. So gerne sie ihr Geheimnis mit ihr teilen wollte, so sehr befürchtete sie, ihre Mutter zu beunruhigen.

Es dauerte bis zum späten Abend, bis der richtige Augenblick gekommen war. Emily nahm ihre Mutter bei der Hand und sagte: »Lass uns zum Strand hinuntergehen. Zum Meer und zu den Sternen.«

Der Sand war noch warm. Sie lagen nebeneinander und hielten sich an den Händen. Während sie der Weite des Ozeans lauschten und über die Unendlichkeit des Sternenhimmels staunten, verschmolzen ihre Seelen und ihre Herzen.

»Mama, ich kann mir denken, dass du dir Sorgen machst,

wenn ich jeden Tag verschwinde. Aber mir ist etwas Verrücktes passiert – sehr verrückt und sehr wunderbar.« Emily flüsterte, als hätte sie Angst, die Heiligkeit des Augenblicks zu zerstören.

Sie spürte, wie ihre Mutter angespannt zuhörte.

»Ich werde dir jetzt mein großes Geheimnis erzählen. Ich weiß, dass es schwierig sein wird, das alles zu verstehen. Am besten hörst du einfach nur zu, okay?«

Sie macht eine Pause und sah ihr in die Augen. Ihre Mutter drückte Emilys Hand und nickte.

Emily holte tief Luft. »Mama – ich weiß schon längst, dass wir nicht auf diese Insel gekommen sind, um Urlaub zu machen, sondern weil ich krank bin, sogar sehr krank. Als wir hier angekommen sind, wollte ich vor allem eines: alleine sein. Ich hatte Angst vor dem Sterben und war verletzt und wütend, weil niemand mit mir gesprochen hat.«

Ihre Mutter senkte den Blick und seufzte schuldbewusst: »Es tut mir so leid, mein armer Schatz.« Ihr versagte die Stimme, und Tränen stiegen ihr in die Augen. »Wenn du wüsstest, wie es mich gequält hat zu wissen … und nicht mit dir darüber reden zu können – aber ich hab es einfach nicht übers Herz gebracht!«

Unbeirrt fuhr Emily fort: »Schon am dritten Tag habe ich eine kleine Bucht entdeckt, die ein Stück weit hinter dem Fischerdorf unterhalb der Klippen versteckt liegt.« Emily merkte, wie ihre Mutter sich entspannte. Sie wusste, was sie jetzt dachte – »nur ein harmloses Mädchengeheimnis also …« Emily musste schmunzeln. Dann erzählte sie, wie einsam und verzweifelt sie gewesen war, als sie auf dem warmen Felsen der Mole gelegen hatte, und wie ihr dann zum ersten Mal ihr Freund begegnet sei.

Ihre Mutter zuckte zusammen. Ein Freund? Hatte Emily womöglich einen Fischerjungen kennengelernt? Oder gar … Bevor ihre Fantasie vollends mit ihr durchgehen konnte, fuhr

Emily fort: »Ein Delfin hat mich besucht. Er sprach zu mir, als ob er auf mich gewartet hätte.«

Emilys Mutter war zu verwirrt, um etwas sagen zu können. Ein sprechender Delfin?

Emily erzählte von ihren Begegnungen mit Vadanti und davon, was sie von ihm gelernt hatte. Sie erzählte auch, dass sie Vadantis Stimme nicht wirklich hörte, so wie sie die Stimme eines Menschen hören konnte, sondern dass ihre Unterhaltungen eher wie Gedankenübertragungen seien.

Ihre Mutter hörte zu. Auch wenn sie nicht wirklich begreifen konnte, was Emily ihr da erzählte, verstand sie doch, dass etwas Außergewöhnliches mit ihrer Tochter geschehen war. Einerseits hätte sie sich jetzt wohl Sorgen machen müssen – es klang einfach zu verrückt. Andererseits sprach ihr Gefühl eine deutliche Sprache: Sie wusste, dass alles gut und richtig war und – was ihr am wichtigsten war – dass es Emily gut ging.

Schweigend lagen sie im Sand. Ein großer silberner Mond war zu Besuch gekommen, und sie blickten gemeinsam in die Unendlichkeit des Universums.

»Alles, die Sterne, das Meer, die Erde, du und ich und alle Wesen sind eins, Mama«, flüsterte Emily.

»Ja, Emily. Alles ist eins. Und wir sind eins«, sagte ihre Mutter und hielt Emilys Hand ganz fest.

30

Als Emily am nächsten Morgen von den ersten Sonnenstrahlen, die ins Zimmer fielen, erwachte, war sie glücklich. Sie fühlte sich warm, geborgen und verbunden – verbunden mit dem ewigen Jetzt, in dem alle vergangenen und zukünftigen Zeiten miteinander verschmolzen.

Während Emilys Seele immer höher schwebte, stürzte ihr Körper immer tiefer. Sie sah jetzt nur noch ein Gewirr von Farben und Formen. Es fiel ihr inzwischen so schwer, das Gleichgewicht zu halten, dass an Aufstehen kaum zu denken war. Sie wusste nicht, wie sie heute zu Vadanti kommen sollte. Aber auch diese Aufgabe war ein Teil des Spiels, dachte sie. Und sie brauchte nicht lange, um sie zu lösen.

»Mama, ich brauche heute deine Hilfe.« Emily wusste, wie sehr sich ihre Mutter darüber freute, gebraucht zu werden.

»Werde ich deinen Delfinfreund heute kennenlernen?«, fragte sie beinahe schüchtern.

Gute Frage. Emily wusste nicht, wie Vadanti darauf reagieren würde, wenn sie ihre Mutter mitbrächte. Aber sie beschloss, einfach ihrem Herzen zu folgen und es darauf ankommen zu lassen.

»Ja, Mama, komm mit mir. Ich weiß zwar nicht, ob Vadanti sich sehen lässt oder ob er mit dir spricht, aber lass es uns herausfinden.«

Mit ihrer Mutter an ihrer Seite war der Weg gut zu bewältigen. Schließlich standen sie an den Klippen und blickten auf Emilys Bucht hinab. Ihre Mutter staunte: Es gab sie also wirklich. Bis zuletzt hatte sie an der Existenz der mysteriösen Bucht gezweifelt. Und Emily war jeden Tag dort hinabgeklettert? Das sah ganz schön gefährlich aus.

Emily hatte sich bereits an den Abstieg gemacht. Mit geschlossenen Augen tastete sie sich vorsichtig nach unten.

»Komm, Mama«, rief sie. »Es ist leichter als es aussieht.«

Emilys Mutter zögerte. Nicht weil sie Angst vor dem Klettern gehabt hätte, sondern weil sie sich vor einer Enttäuschung fürchtete. Was am Abend zuvor noch wie eine geheimnisvolle Geschichte geklungen hatte, kam ihr jetzt wie das reinste Märchen vor. Ein sprechender Delfin, der Emily lehrte, Traurigkeit und Angst zu besiegen? Sicher, Emily hatte sich verändert, das war offensichtlich. Und es war auch offensichtlich eine gute Veränderung. Doch war das, was sie erlebt hatte, vielleicht nur in ihrer Fantasie geschehen? Und hätte sie dann das Recht, den Traum ihrer Tochter zu zerstören?

»Komm, Mama«, rief Emily noch einmal. »Vadanti ist schon hier.«

Emilys Mutter fuhr zusammen. Als sie auf das Meer hinausblickte, sah sie dort tatsächlich einen Delfin springen. Er schwamm direkt auf die Mole zu. Ein eigenartiges Gefühl durchströmte sie wie eine vage Erinnerung an unbeschwerte Tage. Während der Delfin näher kam, hörte sie eine leise, undeutliche Stimme in ihrem Kopf. Hatte sie sich das eingebildet? Nein! Auch wenn sie die Worte nicht verstanden hatte, wusste sie doch, dass sie sich nicht getäuscht hatte.

Emilys Mutter hatte alles gesehen. Die Bucht und Vadanti waren kein Traum. Was Emily mit Vadanti sprach, war jedoch nur für Emily bestimmt. Es wurde Zeit für sie zu gehen. Sie lächelte und winkte ihrer Tochter zu. »Bis bald, Emily. Ich lasse euch jetzt ein bisschen alleine und komme später zurück, um dich abzuholen, ja?«, rief sie. Auf dem Weg zurück weinte sie, aber die Tränen waren nicht mehr bitter.

Emily verstand. Sie winkte zurück und begrüßte Vadanti.

31

Emily lag flach auf dem Bauch. Die Sonne schien ihr auf die Schultern. Wenn sie ihre Arme vom Felsen aus nach unten streckte, konnte sie ihre Hände tief in das Wasser eintauchen. Ihre Finger spielten mit den Wellen. Kühl, dachte Emily – kühl und schön. Und sie dachte daran, dass heute vielleicht ihr letzter Tag auf der Mole sein würde. Sie trauerte um die Emily, die nicht lange genug leben würde, um jemals Geliebte, Mutter oder Großmutter zu werden. Sie trauerte um die kleine Emily, die so viele Sommertage mit wehenden Zöpfen auf der Schaukel verbracht hatte. Bei dem Versuch, die Seile am Kirschbaum zu befestigen, war ihr Vater gestürzt und hatte sich den Knöchel verstaucht. Sie dachte an den Zimtgeruch in der Küche ihrer Großmutter. Auch an den Abgrund, in den sie nach dem tödlichen Unfall ihres Vaters gestürzt war, musste Emily denken, und daran, wie ihre Großmutter sie Stück für Stück wieder aus der Tiefe ins Licht gezogen hatte, an einem dünnen Seil, geflochten aus Liebe und Geduld.

»Emily?« Vadanti spürte, was in ihr vorging. Sie lächelte ihm zu. Sie hatte keine Angst vor dem Tod. Sicher – sie würde sterben. Aber gleichzeitig spürte sie, dass der Tod nur eine Stufe war – nur ein Schritt zu einer neuen Geburt, wenn auch ein großer. *Leben und Tod sind nur zwei Geschwister aus derselben Familie.*« Sie erinnerte sich daran, wie Vadanti es damals ausgedrückt hatte.

»Emily, ich habe geahnt, dass du es selbst herausfindest!«
Ausnahmsweise war es Vadanti, der aufgeregt klang. »Ich
glaube, du bist für das große Geheimnis bereit.«

»Da bin ich gespannt. Jedes deiner Geheimnisse hat mein
Leben bisher schöner gemacht, weißt du.«

Vadanti zog einen großen Kreis in der Bucht und kam wieder ganz nahe an die Mole heran. »Emily, was geschieht mit
einer Geschichte, wenn du das Buch verbrennst?«

Emily lachte. »Gar nichts – die Geschichte kann man ja
nicht verbrennen. Die Geschichte bleibt, auch wenn das Buch
verbrannt ist.«

Vadanti machte eine Pause. Dann flüsterte er: »Was bist du
Emily – das Buch oder die Geschichte?«

Emily hielt den Atem an. Vadanti hatte es wieder geschafft,
sie zu überraschen. Wollte er damit sagen, dass sie weiterleben
würde, obwohl sie doch zweifellos sterben musste? Emilys Blick
war nach innen gekehrt. Sie war die Geschichte, nicht das Buch.
»Wenn ich die Geschichte bin, sterbe ich nicht wirklich – meinst
du das? Aber was passiert dann mit mir? Wohin gehe ich?«,
fragte sie.

»Wohin dein Herz dich zieht.«

»Aber wohin soll es mich denn ziehen, wenn ich tot bin? Ich
werde sterben, Vadanti.«

»Das Buch wird verbrennen, ja. Aber die Geschichte wird
weiterleben. Und sie existiert bereits seit Anbeginn der Mensch-
heit. Lange bevor jemand sie aufgeschrieben hat, lebte sie bereits als Idee. Alle Märchen, Sagen und Geschichten über Gut
und Böse sind so alt wie der Mensch selbst. Nur werden sie in
immer neuer Form erzählt. Der Tod ist eine Illusion, Emily.«

»Der Tod ist nicht das Ende?«

»Im Gegenteil – er ist erst der Anfang der großen Reise ...«
»Wohin?«

»Das entscheidest du, denn das ist deine Aufgabe in diesem
großen Spiel. Meine ist nur, dich zu begleiten«, lachte er.

32

»Mama, der Tod ist nichts Wirkliches«, sagte Emily leise und strich ihrer Mutter die Tränen aus dem Gesicht. Nachdem sie Emily und Vadanti viel Zeit gelassen hatte, war Emilys Mutter zurückgekommen, um sie abzuholen. Mit einer dicken Tasche über die Schulter gehängt war sie unbeholfen an den Felsen hinabgeklettert. Die Mittagszeit war längst vorbei, und sicher würde ihre Tochter Hunger haben, hatte sie gedacht. Emily hatte in die Tasche geschaut und gelacht: »Mama – du hättest ja nicht gleich den ganzen Dorfladen leerkaufen müssen.«

Jetzt saßen die beiden nebeneinander am Strand. Nach Essen war Emily nicht zumute. »Sie wirkt so zart und zerbrechlich«, dachte ihre Mutter. Die Zeichen des herannahenden Todes waren nicht mehr zu übersehen. Emily hatte geglaubt, dass alle Tränen schon geweint wären, doch sie hatte sich geirrt. Immer wieder wurde ihre Mutter von heftigem Schluchzen erschüttert, während Emilys Tränen leise flossen.

»Der Tod ist nur ein kleiner Schritt, Mama. Sorge dich nicht um mich. Mein Weg wird heller, nicht dunkler.«

»Ja, Emily. Ich glaube fest daran, dass wir uns im Himmel wiedersehen werden. Du wartest auf mich ...«

Emily schüttelte den Kopf und lächelte. »Vielleicht sehen wir uns schon viel früher wieder.«

Ihre Mutter blickte sie fragend an.

»Ich meine – vielleicht werde ich ja in einen neuen Körper wiedergeboren.«

Emilys Mutter fragte sich, ob Emily diese Idee wohl von Vadanti hatte. Wahrscheinlich. Emily glaubte also daran, wiedergeboren zu werden. Der Gedanke war seltsam für sie. Andererseits wusste sie auch, dass es sehr viele Menschen gab, die an eine Wiedergeburt glaubten. Und wer konnte schon so genau sagen, ob eine Seele wiedergeboren würde, in den Himmel kam, oder ob sie sich einfach in ein Nichts auflösen und eins mit allem würde?

Emily schien die Gedanken ihrer Mutter erraten zu haben. »Erinnerst du dich noch daran, wie furchtbar ich als kleines Mädchen geweint habe, als das Kinderkarussell nach ein paar Runden stehen blieb und ich wieder aus der Prinzessinnen-Kutsche steigen musste?«

Ihre Mutter lächelte. Sie konnte sich nur zu gut daran erinnern. Manchmal hatte sich Emily so fest an die Kutsche geklammert, dass man sie mit Gewalt hatte wegzerren müssen.

»Und doch ist das Karussell beim nächsten Volksfest wieder gefahren. Weißt du ... nur wenn man aussteigt, kann man sich wieder auf das Einsteigen freuen.«

Ihre Mutter musste lachen. »Ja«, sagte sie. »Aber wenn du ganz doll gequengelt hast, durftest du noch einmal fahren.«

»Diesmal muss ich gar nicht quengeln.« Emilys Augen blitzten, als sie ihre Mutter ansah.

»Wenn du wieder auf die Welt kommst – möchtest du dann lieber ein Mädchen oder ein Junge werden?«, wollte ihre Mutter wissen.

Emily zögerte. »Sagen wir mal so«, antwortete sie, »wenn ich noch einmal mit dem Karussell fahren könnte, würde ich mich sicher nicht noch einmal in die alberne Kutsche setzen.«

»Sondern?«

Emily grinste ihre Mutter breit an. »Auf den Rücken des blauen Delfins«, sagte sie.

33

Als Emily am nächsten Morgen aufwachte, stellte sie erstaunt fest, dass ihre Krankheitssymptome sich in Luft aufgelöst hatten. Sie sah die Welt klar und deutlich, die Farben waren, wo sie hingehörten, und ihr war auch nicht schwindelig. Ob sie schon gestorben war? Nein! Ganz bestimmt nicht! Als sie aufstand, war alles ganz normal – der Steinboden fühlte sich kühl an ihren Fußsohlen an, sie hatte Hunger und musste dringend auf die Toilette. Eindeutig nicht tot, stellte sie fest und musste über sich selbst schmunzeln. Jedenfalls noch nicht, dachte sie. Und doch würde sie bald zu einer langen Reise in das unbekannte Land aufbrechen. Emily war aufgeregt. Was war das? Vorfreude? Emily schüttelte den Kopf.

Es war noch früh am Morgen und etwas bedeckt – die Sonne ließ sich heute Zeit. Emily fühlte sich gut. Gleich werde ich Vadanti besuchen, dachte sie. Sie öffnete die Schiebetür und schlich sich auf den Balkon. Von hier oben konnte sie den Himmel sehen, der langsam aufklarte. Weit oben hingen noch einige Sterne, die nicht ins Bett wollten. Emily atmete die Morgenluft tief ein – ein Hauch von Kräutern lag in der Luft. Dann ging sie wieder ins Zimmer zurück und wollte aufbrechen. Doch irgendetwas hielt sie fest. Eine Ahnung, die sie nicht in Worte fassen konnte. Sie nahm sich erneut ein Papier aus dem Hotelblock und begann, ihrer Mutter einen Brief zu schreiben.

Allerliebste Mama,

ich bin zu Vadanti gegangen – und vielleicht gehe ich noch ein Stückchen weiter. Mach dir keine Sorgen. Das Leben ist ein großes Spiel, auch wenn es manchmal schwer ist, es zu spielen. Am besten ist es, im Augenblick zu leben, denn jeder Augenblick ist wie ein ganzes Leben. Lebe jeden Augenblick und sieh, wie alles eins ist. Du bist das Universum, Mama, und ich bin das Universum – und wir sind immer eins. Ich habe erfahren, dass du nur ganz du selbst sein musst, um den Sinn des Lebens zu finden. Und hab keine Angst vor dem Tod: Er ist nur ein großer Schwindel. Wir sind Geschichten des Universums, nicht die Bücher, in denen sie geschrieben stehen. Geschichten sterben nicht.

Ich liebe dich, Mama, und ich werde immer bei dir sein.

Emily

Sie legte den Brief neben ihr Kopfkissen. Er würde das erste sein, was ihre Mutter zu sehen bekäme, sobald sie aufwachte. Emily küsste sie zärtlich auf die Stirn, zog sich an und ging.

34

Mühelos lief Emily der Bucht entgegen. Es war lange her, dass sie so schnell gerannt war. In den letzten Tagen waren ihre Beine unartige Kinder gewesen, die ihr taumelndes Eigenleben geführt hatten. Doch heute gehorchten sie bereitwillig. Daran, dass sie geheilt sein könnte, glaubte Emily dennoch keinen Augenblick. Im Gegenteil – obwohl sie laufen und sehen konnte, spürte sie tief in ihrem Inneren, dass ihre Krankheit schon sehr weit fortgeschritten war.

Emily blieb stehen. Woher hatte sie nur diese Energie? Sie schaute sich um. Irgendetwas stimmte nicht. Jetzt sah sie es: Die Entfernung zu den Dingen hatte sich verändert. Emily sah die Landschaft wie auf einer Leinwand. Ihr Körper bewegte sich wie von einer unsichtbaren Kraft gelenkt. Natürlich – Vadanti!

Leise meldete sich seine Stimme in ihrem Kopf. »Ja, Emily, heute habe ich dir ein bisschen geholfen, damit du kommen kannst.«

Als Emily dann auf der Mole saß und Vadantis Kopf streichelte, wusste sie auf einmal, warum er sie hierhergeführt hatte. Sie wusste auch, warum es wichtig gewesen war, ohne ihre Mutter zu kommen. »Vadanti, ich werde heute sterben, nicht wahr?«

»Ja, Emily – aber ich werde bei dir sein. Komm, lass uns schwimmen.«

Emily glitt ins Wasser wie in ein gemachtes Bett. Das Meer war ihr so vertraut geworden wie eine wiederentdeckte Heimat. Sie hielt sich an Vadanti fest und schwamm mit ihm weit hinaus. Sie tauchten, schwebten in der Tiefe, waren eins mit den Strömungen, eins mit dem Ozean, eins mit dem Universum.

Emily spürte, dass sie müde wurde. Sie war furchtbar erschöpft. Wie jemand, der nach einer allzu langen Reise endlich nach Hause zurückgekehrt ist, wollte sie nur noch eines: sich fallen lassen und vergessen. Emily wusste nicht, wie lange sie schon durch die blaue Unendlichkeit getaucht waren, als sie Vadantis Stimme hörte: »Emily. Bleibe im Jetzt!«

Mit einem Schlag kehrte ihr Bewusstsein zurück. Die Welt um sie herum – oder war es die Welt in ihr? – war warm und weich und klar. Ein unendlicher Strom aus Licht durchpulste sie und sie spürte, dass die Zeit des Leidens jetzt endgültig vorbei war, dass sie nicht länger krank war.

35

»Vadanti, ich bin gesund!« Emily lachte vor Glück.

»Emily! Fürchte dich nicht vor dem weißen Licht«, sagte Vadanti und klang dabei ungewöhnlich ernst.

»Welches weiße Licht?«, wollte Emily gerade fragen, doch da sah sie es: Am Ende eines gewaltigen Strudels im dunkelblauen Wasser strahlte ein Lichtpunkt. Von dem geheimnisvollen Licht ging eine magische Anziehung aus. Emily tauchte in den Strudel ein. Je weiter sie schwamm, desto heller und größer wurde das Licht. Obwohl es ihr viele Male heller als die Sonne erschien, wurde sie nicht geblendet. Das Licht umfasste sie, und es durchstrahlte ihre Seele.

Mit einem Mal spürte Emily einen tiefen Frieden. Nie zuvor hatte sie eine so große Ruhe und Geborgenheit erlebt. Eine Welle aus Glück durchströmte sie.

»Vadanti – was geschieht mit mir? Was war das?«, fragte sie.

»Das, Emily, war Sterben.«

Emily lachte. »Wie kommt es dann, dass ich lebe und mit dir spreche? Ich bin die Geschichte, nicht das Buch – hast du das etwa vergessen?«

Vadanti lachte mit ihr. »Du hast Recht, Emily. Du lebst, denn der Tod ist nur eine Illusion. Aber ... das Buch ist verbrannt.«

Erst jetzt begriff Emily, was Vadanti meinte. War sie tatsächlich gestorben? Sie konnte es nicht glauben, denn ihr Körper fühlte sich sehr wirklich an.

»Emily, du hast die Vorstellung, einen Körper zu haben, noch nicht losgelassen. Damit du weiterreisen kannst, musst du diese Illusion aufgeben.«

Illusion? Sie spürte ihren Körper doch ganz deutlich. Vadanti musste sich irren. Sie glitten tiefer und tiefer. Bunte Fischschwärme zogen durch das immer dunkler werdende Blau. Je näher sie dem Meeresboden kamen, desto leichter fiel Emily das Tauchen.

»Emily, ist es nicht schön hier unten?«

»Ja, unglaublich schön sogar.«

»Vor allem, wenn man nicht dauernd Luft holen muss ...«

Tatsächlich! Emily hatte aufgehört zu atmen. Panik ergriff sie. Bestimmt würde sie bald Luft holen müssen. Wie lange waren sie wohl schon unter Wasser?

Auf einmal verstand Emily. Vadanti hatte Recht gehabt. Als sie nach unten blickte, sah sie sich selbst. Sie sah, wie sie sich an Vadanti festhielt und mit ihm durch die Tiefen des Meeres tauchte. Sie spürte, dass die Zeit gekommen war, sich von ihrem Körper zu lösen, und fühlte sich mit einem Mal einsam und verloren.

»Emily, weißt du noch, was du gelernt hast? Es kommt auf das Jetzt an – auf nichts anderes. Wecke deinen Mut und springe in das Jetzt. Du hast die große Reise angetreten. Das Kleid, das dir zu klein geworden ist, hast du abgelegt. Nun kannst du nach einem neuen, passenden Kleid suchen. Daran ist nichts Beunruhigendes oder Trauriges, Emily. Wähle dein neues Kleid. Und vergiss nicht: Du bist jetzt ganz und gar Emily.«

Wie gut das klang: Ganz und gar Emily ...

36

Emily tauchte tiefer und tiefer in das Licht ein. Sie ließ geschehen, was ohnehin geschehen würde. Sie sah ihr Leben vor sich ablaufen. Der Film lief sehr schnell. Aber es gab auch Szenen in Zeitlupe. Sie sah ihre Geburt und spürte die Angst vor dem Neuen. Geboren zu werden war wie ein Sturz in die Tiefe. Das matte Licht der Welt war nur ein trauriger Abglanz des strahlenden Lichts, in dem sie zuvor gelebt hatte. Sie sah die Wiege und die Brokatdecke, hörte wieder die sanfte, vertraute Musik. Oft hatte ihr Vater sich ans Klavier gesetzt und so lange für sie gespielt, bis sie eingeschlafen war.

Noch einmal erlebte Emily die Ohnmacht der ersten Jahre – die Ohnmacht kleiner Kinder, denen die Worte fehlen, während sie so Vieles wollen. Sie sah, wie sie später mit ihrer Mutter über die Wiesen getollt war und wie sie ihre Großmutter abends angebettelt hatte, ihr die immer gleichen Märchen zu erzählen, in denen die Prinzessinnen zu guter Letzt doch noch ihr Glück fanden.

Und dann erlebte sie den dunkelsten Augenblick ihres Lebens – den Abgrund, in den sie fiel, als ihr Vater verunglückt war. Aber sie erkannte auch die vielen kleinen Ereignisse, die ihr Leben im Laufe der Jahre wieder aufgehellt hatten: Warme Sommertage, Zitronenfalter im Jasmin, der Geruch nach Pfannkuchen in der Küche ihrer Großmutter, die Reise nach Italien und die endlos langen Tage, die sie mit ihrer besten

Freundin Marie verbringen durfte – viele dicke Farbtupfer, die das graue Tuschebild bald fast gänzlich überdeckt hatten.

Emily durchlebte all diese Dinge noch intensiver, als sie sie in Wirklichkeit erlebt hatte. Auf einmal endeten die Visionen, und sie schwebte in einer gestaltlosen Weite – um sie herum tanzten verschiedene Welten wie riesige Seifenblasen. Baumwelten, Tierwelten, Menschenwelten, Wasserwelten und Welten, für die sie keinen Namen hatte.

»Wähle deinen Weg, Emily!« Vadantis Stimme durchdrang das ganze Universum. Doch wie konnte sie wählen? Und was?

Mit klarem Blick betrachtete sie die Seifenblasenwelten. Einige waren düster, andere waren strahlend und wunderschön, einige vertraut, andere fremd. Dunkle, bösartige Wesen begegneten ihr – Wesen, die voller Hass waren und die gierig nach ihr zu greifen versuchten. Doch Emily blieb im Jetzt. Auch Lichtgestalten begegneten ihr – Wesen, die Liebe und Güte ausstrahlten. Doch Emily vergaß nicht, was Vadanti ihr erklärt hatte. Sie wusste, dass all das nur Teile von ihr selbst waren, und auf einmal erkannte sie ihre Aufgabe. Bevor sie in einem neuen Körper geboren werden konnte, würde sie eine Wahl treffen müssen.

»Wähle mit deinem Herzen, nicht mit deinem Verstand, Emily.«

Emily befreite sich von den vielen Erscheinungen, die doch nur Spiegelungen ihrer eigenen Ängste und Hoffnungen waren. Sie folgte einzig der Sehnsucht, die in ihrem Herzen wohnte. Da spürte sie, dass ihre Seele von einer der Welten stark angezogen wurde. Emily befreite noch einmal ihren Mut und sprang ...

37

Ein Delfin trug ein totes Mädchen durch die Wellen. Am Sandstrand einer kleinen, versteckten Bucht legte er sie vorsichtig ab. Die Flut hatte ihren höchsten Stand erreicht und würde sie nicht wieder wegspülen. Der Delfin wusste, dass es wichtig für die Menschen war, ihre Toten begraben zu können.

Der zarte Körper lag friedlich im Sand. Das geheimnisvolle Lächeln war das erste, was ihrer Mutter auffiel, als sie ihre Tochter wenig später fand. Und es war dieses Lächeln, das den Schmerz in ihrem Herzen daran hinderte, ihr Leben für immer zu zerstören.

38

Emily glitt auf eine riesige blaue Kugel zu und drang tief in sie ein. Auf einmal wurde es dunkel. Sie fühlte sich vollkommen geborgen. Die Erinnerungen waren nur noch schwach. Stück für Stück verschwanden sie und wurden allmählich ganz vom Jetzt überlagert.

Emily spürte, dass etwas Großartiges bevorstand. Etwas Neues. Sie fürchtete sich, diesen warmen, sicheren Ort wieder zu verlassen, doch zugleich wusste sie, dass das, was sie erwartete, gut war.

Sie bewegte sich dem Licht entgegen. Ein Gefühl unendlicher Freiheit durchflutete sie. Sie hörte ein warmes Pochen aus der Ferne, das ihr Sicherheit gab. Und da war eine Stimme, die Stimme ihrer Mutter – nicht Mama, sondern ihrer neuen Mutter – liebevoll und sanft.

Aus dem dunklen Blau erschien ein großer Schatten und bewegte sich auf Mutter und Kind zu. Die Mutter begrüßte ihn mit freundlichem Klicklauten. Der graue Schatten nahm eine vertraute Gestalt an.

»Vadanti?«

»Willkommen, Emily!« Im Kopf des kleinen Delfins erklang die Stimme wie eine ferne Erinnerung, wie ein nahes Versprechen.

EPILOG

Emilys Mutter stand in der kleinen Bucht, in der Emily ihre letzten Tage verbracht hatte. Sie erinnerte sich noch genau an die Stelle, wo sie ihre Tochter gefunden hatte – nass und kalt, aber mit einem geheimnisvollen Lächeln auf den Lippen.

Seit dieser Zeit war viel passiert. Emilys Mutter hatte sich verändert. Nach einer endlosen Zeit der Verzweiflung und Einsamkeit hatte sich etwas in ihr gelöst. Mit vielen kleinen Schritten hatte sie zögerlich vom »Nein« zum »Ja« gefunden. Doch die Fragen, die ihr seit Emilys Tod im Herzen brannten, quälten sie noch immer. An einem regnerischen Tag mitten im Herbst hatte sie dem starken Drang, noch einmal auf die Insel zu fliegen, nachgegeben und im Reisebüro angerufen.

Sie hatte sich richtig entschieden. Der Sand kitzelte zwischen ihren Zehen. Die Sonne stand schon ein ganzes Stück über dem Horizont, und eine warme Brise wehte über das Meer, auf dem kleine, schnelle Wellen um die Wette rollten. Emilys Mutter musste an all die rätselhaften Dinge denken, über die ihre Tochter gesprochen hatte, bevor sie gestorben war. Darüber, dass sich alle Zeiten im ewigen Jetzt vereinen würden und dass das ganze Leben in jedem Augenblick enthalten sei. Und darüber, dass das Leben kein Kampf, sondern ein Spiel sei, in dem alle Wesen auf geheimnisvolle Art miteinander verbunden seien. Vor allem aber hatte Emily behauptet, dass der Tod eine Täuschung sei und in Wirklichkeit nur ein großer Schritt zu einer wunderbaren Reise.

Während der langen Zeit ihrer Trauer hatten diese Gedanken Emilys Mutter getröstet – diese Gedanken und die Gewissheit, dass Emily mit einem Lächeln gegangen war. Vorsichtig stieg sie auf die Mole und ging bis zum äußersten Ende. Hier hatte Emily immer mit Vadanti gesprochen. Hier war sie dem Meer besonders nah gewesen. Emilys Mutter betrachtete die Wellen – ihr Blick versank im weiten Blau. Da hörte sie auf einmal einen Laut, der sich klar von dem Rauschen der Wellen abhob. Eine Stimme, dachte sie. Doch die Stimme kam nicht von außen – sie entstand in ihrem Kopf. Und obwohl sie die Worte nicht verstehen konnte, fühlte Emilys Mutter sich auf einmal weit, leicht und unendlich frei.

Ein Delfin sprang aus dem Wasser. Sie fuhr zusammen. Bilder von Emily und Vadanti erschienen vor ihrem inneren Auge. Sie glaubte, eine ganz leise, im Rauschen des Meeres verborgene Stimme zu hören, die ihr zurief: »Mama, alles ist gut.«

Und dann sah sie es – das Delfinbaby, das zwischen zwei großen Delfinen auf die Bucht zugeschwommen kam. Für einen winzigen Augenblick nur tauchte der kleine Delfin auf und sah ihr in die Augen, bevor er wieder im Wasser verschwand. Doch dieser winzige Augenblick genügte. Emilys Mutter spürte eine tiefen, unendlichen Frieden, und auf einmal verstand sie die letzten Worte, die ihre Tochter ihr geschrieben hatte:

Ich liebe dich und werde immer bei dir sein.
Geschichten sterben nicht ...